rororo

Abini Zöllners Leben ist reich an immer neuen Wendungen: Sie lernt Friseurin, weil sie nicht studieren möchte, jobbt als Model, tanzt im Friedrichstadtpalast, schauspielert und wird schließlich Journalistin. Sie erzählt von ihrer ungewöhnlichen Geschichte und vom Lebensgefühl des jungen Berlin vor und nach der Wende.

«Eine außergewöhnliche Frau mit einer ganz speziellen Sprache.» (Johannes B. Kerner)

«Abini Zöllner erinnert kurzweilig daran, wo und wie wir nun mal gelebt haben.» *(Thüringer Allgemeine)*

«Sie beschreibt sehr ironisch, mit einer wunderbaren Genauigkeit und Distanz den Alltag in der DDR.» (ZDF, aspekte-extra)

«Lebenslust pur.» *(Petra)*

Abini Zöllner, geboren 1967 in Berlin-Lichtenberg, gab ihre Arbeit als Model, Tänzerin und Nebendarstellerin im DDR-Fernsehen kurz entschlossen auf, nachdem sie sich in einem Abendschullehrgang mit dem «Handwerk des massenwirksamen Schreibens» vertraut gemacht hatte. 1990 wurde sie Korrespondentin der *Jungen Welt*; seit 1991 ist sie Redakteurin im Feuilleton der *Berliner Zeitung*.

Abini Zöllner

Schokoladenkind

Meine Familie und
andere Wunder

Rowohlt Taschenbuch Verlag

Veröffentlicht im Rowohlt Taschenbuch Verlag,
Reinbek bei Hamburg, Mai 2004
Copyright © 2003 by Rowohlt Verlag GmbH,
Reinbek bei Hamburg
Alle Rechte vorbehalten
Umschlaggestaltung any.way,
Barbara Hanke/Cordula Schmidt
(Foto: Kay Herschelmann)
Druck und Bindung C. H. Beck, Nördlingen
Printed in Germany
ISBN 3 499 23663 X

Für das raffinierteste Rätsel,
die kostbarste Erfahrung
und das schönste Vergnügen
– für meine Familie.

Inhalt

1 Die Regeln meiner Schule **9**

2 Tee statt Kaffee **31**

3 Vom Turnhallenmuff in die Glitzerwelt **59**

4 Reis muss kleben **83**

5 Die schönste Katastrophe von allen **107**

6 Als ich die DDR nicht mehr verstand **131**

7 Die neue Zeit hat uns geküsst **159**

8 Das Wunder der engen Jeans **185**

9 Leben vor dem Tod **211**

10 Die beste Veranstaltung **237**

Danksagung **255**

1

Die Regeln meiner Schule

Ich mag keine Kneipen oder Bars. Nach einer halben Stunde werde ich nervös, weil ich nicht länger auf den Stühlen sitzen kann und daran denken muss, dass sie mir schon viel zu lange viel zu hart sind. Und Alkohol schmeckt mir auch nicht, nicht einmal Kaffee, erst recht nicht in dieser verrauchten Luft. Ich gehe gern in Restaurants, um etwas zu essen, darin kann ich einen Sinn sehen, aber in Kneipen, in denen man nur trinkt, raucht, redet, sehe ich keinen. Das sagt mir mein Verstand.

Ich gehe also nicht gern in Kneipen, und das ziemlich oft. Dann sitze ich stundenlang auf den harten Stühlen, trinke Wein, rauche Zigaretten und bestelle mir zum Schluss einen Kaffee. Es ergibt keinen Sinn. Mein Gefühl meint, es wäre aber auch sinnlos, immer sinnvoll zu leben, um eines Tages sinnvoll zu sterben. Wäre es auch.

Da sitze ich wieder in einer Kneipe, halte mich an meinem Glas fest und schaue in das hypnotische Flackern der Kerze.

Plötzlich macht die Zeit einen Sprung.

Mamel fühlte sich einerseits total erschöpft und andererseits völlig entkräftet. Nie zuvor in ihrem Leben war sie so glücklich gewesen. Mit einem großen Schalom nahm sie mich in die Arme. Zum Arzt sagte sie, dass der Weg ins gelobte Land gegen diese Geburt ein Spaziergang gewesen sein muss.

Sie hatte keine leichte Entbindung, als sie mit zweiundvierzig Jahren ihr erstes Kind bekam, obwohl ich mein Bestes gegeben habe. Mit größter Vorsicht arbeitete ich mich durch den Geburtskanal, bis ich den Arzt sah. Ich lächelte ihn so charmant wie möglich an, er aber packte mich an den Beinen, gab mir einen Klaps, und Mamel freute sich, als ich vor Schmerz aufschrie. So landete ich in einer absurden Welt.

Immerhin war ich ein Sonntagskind. Doch Mamel ging in Sachen Glück lieber auf Nummer sicher und nannte mich auch noch Abini, was auf Deutsch «Du bist mein mir vom Himmel geschickter Anteil» bedeutet. Kaum hatte sie das Göttergleiche vermenschlicht, fing sie an, das Menschliche zu vergöttern: «Herr Doktor, sehen Sie nur, eine afrikanische Stirn. Mein Kind hat eine afrikanische Stirn.» Dann küsste sie mich mehrere Male auf den Kopf und versprach, immer auf mich aufzupassen.

Das Versprechen hat sie bis heute gehalten.

Mein Vater, der vor dem Kreißsaal stundenlang gewartet hatte, stürmte nach der Entbindung herein und umarmte uns. Er freute sich über seine kleine Tochter mit dem nigerianischen Namen und sagte, dies sei der schönste Tag seines Lebens, das müsse er feiern. Mamel wusste, dass er nun fremdgehen würde, und nahm es als Zeichen seiner echten Freude. Das waren meine Eltern.

Auf mich wartete eine gut behütete Jugend: Mamel schützte mich davor, der Vernunft zum Opfer zu fallen, die

DDR schützte mich davor, die Welt kennen zu lernen, Gott schützte meine Familie vor materiellem Wohlstand, und mein Vater schützte mich vor dem Glauben, Reis dürfe nicht klumpen.

Ich war ein jüdisch-yorubanisches Gemisch, und es war bereits mehr als ein Jahr vergangen, ohne dass ich den Segen irgendeines Gottes erhielt. Dann endlich entschieden sich meine Eltern, und ich wurde getauft, protestantisch. Auf dass alle, gleich, an welchen Gott sie glauben, nicht verloren werden – so jedenfalls verstand ich später meinen Taufspruch.

Zu meiner Taufe kamen meine Tanten und Onkel, die eigentlich nicht meine Tanten und Onkel, sondern die Freunde meiner Eltern waren. Echte Verwandte hatte ich nicht, keine Oma, keinen Opa, keine Schwester, keinen Bruder und eben auch keine Tanten oder Onkel. Die Freunde meiner Eltern waren unsere Familie. Und wie echte Tanten und Onkel stellten sie im Laufe der Jahre bei jedem Wiedersehen fest, «wie schnell die Zeit vergangen» sei.

Als ich «seit dem letzten Mal schon wieder so gewachsen» und aus mir «langsam eine kleine Dame» geworden war, etwa um diese Zeit wurde ich eingeschult. Bis dahin allerdings hatte ich eine unbekümmerte Kindheit. Mamel liebte mich wie ein kleines Wunder, und wir lebten wie im großen Vergnügen. Aus wenig viel zu machen gehörte gewissermaßen zu ihren leichtesten Übungen.

Wir wohnten in einer beengten Altbauwohnung, in der das eine Zimmer fünfzehn und das andere acht Quadratmeter groß war. Im Grunde war alles zu winzig, aber Mamel sagte: «Wir haben ein Bad und eine Innentoilette, einen Balkon, auf dem wir frühstücken können, und hohe

Pappeln vor den Fenstern. Das ist doch was.» Ja, das war was. Das war sogar genug, um es als Komfort auszulegen. Wie töricht wäre es da gewesen, sich an der Ofenheizung zu stören. Wir hatten genügend Phantasie, unsere Wohnung als echten Glücksfall zu empfinden.

Im Wohnzimmer stand ein alter Schrank aus schwarzem Ebenholz, den Mamel aus China mitgebracht hatte. Er war ein geschnitztes Meisterwerk, auf das sie nicht verzichten wollte, weil viele Erinnerungen daran hingen. Für ihn gab es leider keinen richtigen Platz, weshalb er zwischen die kantige Zeulenroda-Schrankwand und die robuste Sitzgarnitur gequetscht worden war. Eigentlich hätte das schöne Stück inmitten dieser Formlosigkeit verschwinden müssen. Aber es verschwand nicht. Und darum passte es so gut zu Mamel: Beide konnten die Verhältnisse um sich herum ignorieren und so tun, als sei das hier ein gemütliches Nest. Und wenn Mamel und ihr Schrank schon so taten, dann glaubte ich es auch.

Ich wusste schließlich nicht mehr, was schöner war – unsere zu kleine Wohnung oder unsere zu formlose Einrichtung. Ich wusste nur, dass hier unser Nest war. Sobald Mamel beim Abendbrot mit Kerzen Stimmung verbreitete, Schnittchen servierte und zeremoniell den Tee aufbrühte, wurde uns so heimelig, dass wir darüber vergaßen, wie schnell unser wackliger Esstisch im Wohnzimmer unter dem Abendbrot zusammenbrechen konnte.

Dieses Malheur wiederholte sich oft, und wir arrangierten uns allmählich damit. Bis es regelrecht zum Ritual gehörte, dass der Tisch bei kleinsten Erschütterungen nachgab. Deshalb stellten wir das Essen immer vorsichtig ab und rückten noch vorsichtiger mit den Stühlen heran.

Mamel hätte nie von mir verlangt, beim Essen die Hände auf den Tisch zu tun. Hätte sie nie. Das war zu gefährlich.

Wenn ich nach dem Essen mein Abendgebet sprach, habe ich prinzipiell den lieben Gott gefragt, ob er nicht «auch mal bitte unseren Tisch reparieren» könnte. Hat er nicht gemacht. Habe ich nie gemerkt, dass er es nicht gemacht hat. War also nicht wirklich schlimm.

Und wenn Mamel mich mit den Worten «Jetzt geht's zum Federball» ins Bett brachte, erzählte sie fast nie Gutenachtgeschichten. Sie dachte sich viel lieber Lieder aus. Jedenfalls solange ich mich nicht dagegen wehrte. Oft sang sie dieses Lied: «Als ich ein Kind noch war / da sagte ich / Mama sag an: / Ist ein Prinzesschen schöner als ich / da sagte Mama dann: / Was kann schöner sein / viel schöner als Gut und Geld / für mich gibt's auf dieser Welt / nu-hur dich allein.» Sie sang mit einer solchen Inbrunst, dass ich selbstverständlich annahm, das Lied sei von ihr. Wie lieb sie mich doch hatte.

Eines Tages durfte ich länger aufbleiben und sah mit Mamel einen Film, im Fernsehen lief «Der Mann, der zu viel wusste». Und da sang Doris Day «Que sera, sera / Whatever will be, will be». Das war genau die Melodie von «Was kann schöner sein». Da war ich mächtig stolz darauf, dass sie Mamels Lied sogar in Amerika sangen. Ihr Lied.

Bevor ich sechs wurde, hatte mir Mamel nicht nur Lieder, sondern auch Manieren beigebracht. Zwar hielt ich Messer und Gabel jeweils in der falschen Hand – weil ich es bei ihr als Linkshänderin so sah –, dafür achtete sie auf die wichtigen Dinge: vor fremden Leuten zur Begrüßung einen

Knicks zu machen, immer höflich zu sein, den lieben Gott nicht zu vergessen und bösen Männern im Notfall zwischen die Beine zu treten. Nun sagte sie, «Schulbildung schadet nicht, wenn du dir später die Mühe machst, etwas Ordentliches zu lernen», und schickte mich in die Schule. Ich versprach, nur Einsen nach Hause zu bringen, damit sie stolz auf mich wäre, und freute mich, endlich ein Schulkind zu sein. Beides war, wie sich herausstellte, leichtfertig.

Meine Schule lag in Berlin-Lichtenberg. Das alte, ehrwürdige Backsteingebäude war nicht so blass wie die Neubauschulen, sondern schimmerte in einem warmen Rot. Es hatte verspielte Giebel, riesengroße Fenster und eine gewaltige Eingangstür. Ich fand es schön, dass meine Schule anders war, sie war mir sympathisch, mindestens ein Vierteljahr lang.

Aber meine Schule war so anders als andere, dass ich es bald gar nicht mehr fassen konnte und heute kaum mehr glauben mag. Sie fing an, mich zu erziehen, mit frommeren Regeln, als ich sie bis dahin vom Allmächtigen kannte. Die christliche Lehre war bald nur noch eine religiöse Übung, die Schule dagegen eine religiöse Wahrheit. Hier waren die Gebote Verbote, die meisten Regeln Untersagungen und Tabus.

So lehrte uns schon die Eingangstür das Fürchten, denn sie wurde fünf Minuten vor acht zugesperrt, obwohl der Unterricht erst um acht Uhr begann. Jeden Morgen sammelten sich ein paar hilflose Schüler vor der verschlossenen Tür. Dahinter stand ein Lehrer, der grinsend in ihre abgehetzten Gesichter schaute. Selbst wer drei Minuten vor acht kam, wurde erst zehn nach acht hineingelassen. Man sollte richtig zu spät kommen und daraus lernen. Das war die erste Regel.

Ausgerechnet 1973, als die Weltfestspiele Ostberlin beinah in eine tolerante Stadt verwandelt hatten, kam ich in diese schöne, aber völlig absurde Schule. Sie hatte gerade den Namen Horst-Viedt-Oberschule erhalten. Horst Viedt war, wie man uns erklärte, ein deutscher Soldat, der knapp vor Kriegsende zur Roten Armee überlief und am 6. Mai 1945 fiel. Ich dachte, was Sechsjährige denken: So was Blödes, hätte er sich zwei Tage versteckt, dann wäre der Krieg zu Ende gewesen und er würde noch leben. Horst Viedt tat mir wahnsinnig Leid. Doch ich lernte bald, dass unsere Schule kein armes Schwein und keinen bemitleidenswerten Soldaten, sondern einen mutigen Antifaschisten ehrte. Die zweite Regel lautete: Wir sind die Erben von Horst Viedt, dem unbestritten heldenhaften Widerstandskämpfer.

Als aufrechter Jungpionier war ich wie die anderen «Immer bereit», was zuerst einmal bedeutete, etwas für seine Nächsten zu tun. In den ersten Schuljahren ging ich oft Flaschen und Altpapier sammeln, trug älteren Menschen in der «Volkssolidarität» Gedichte vor oder legte als Timur-Helfer Hand an. Die Rentner konnten sich auf mich verlassen, besonders zwei ältere Damen, für die ich einkaufen ging. Ich beschaffte ihnen Mortadella aus der Büchse, ihren Lieblings-Malzkaffee «Im Nu» (es gab auch keinen anderen), Frisches aus dem «Kombinat Industrielle Mast», Pumpernickel, der «Kuhschnappelbrot» hieß, und natürlich «Schlagersüßtafeln», die weltweit leckerste Schokolade aus Knäckebrot. Die beiden Damen – es waren Schwestern – dankten es mir, indem sie beim Abschied eine Mark in meine Tasche fallen ließen. Das war sehr nett von ihnen, dennoch half ich am liebsten unserer Nachbarin Frau Schaklewski. Die wollte ihre Kohlen hochgetragen bekommen und belohnte mich dafür immer mit fünf West-Mark. Fünf große West-Mark für einen kleinen Timur-Helfer, das war außergewöhnlich. Und ganz nebenbei überwand ich so wegen des Westgelds auch noch die Angst vor unserem Keller.

An den Pioniernachmittagen wurden dann unsere Timur-Ausweise von unserer Pionierleiterin kontrolliert, anhand der Unterschriften konnte sie sehen, wie fleißig wir waren. Und wir waren sehr fleißig, deshalb machte sie mit uns so schöne Pioniernachmittage, dass ich mich abends beim lieben Gott vollen Herzens dafür bedankte. Mein Nachtgebet klang dann so: «Lieber Gott, ich bitte dich, behüte und beschütze mich. Behüt auch Mama und Papa und alle anderen fern und nah. Dass Mama, Papa gut sich sind. Und Abini ist ein liebes Kind. Lieber Gott? Und danke für den schönen Pioniernachmittag.»

Unsere Pionierleiterin war zufrieden mit uns und meinte, Horst Viedt wäre es ebenfalls gewesen. Dennoch mussten wir für ihn durch das «Manöver Schneeflocke» robben. Wahrscheinlich, damit seine Freude perfekt wurde.

Seit ich in der vierten Klasse Thälmann-Pionier geworden war, robbte ich nicht mehr über den Schulhof, sondern fuhr in Wehrerziehungslager. Sie befanden sich in romantischen Märchenwäldern, wie ich sie vom Pilzesammeln mit Mamel kannte. Aber hier fanden Gefechtsübungen statt. In den Wehrlagern wurden wir Mädchen nicht, wie die aus anderen Schulen, lediglich als Sanitäterinnen ausgebildet. Nein, unsere Horst-Viedt-Schule erzog uns zu Soldatinnen – das «-innen» wurde uns jedoch gleich wieder abgewöhnt. Also übten wir als Soldaten an der Seite unserer Jungs Kämpfe mit dem Gegner. Wir sangen Lieder über die «Partisanen vom Amur», die «treu dem Schwur» und mit blutroten Fahnen die Eskadronen stürmten. Oder über rote Matrosen, kleine Trompeter und die internationale Solidarität. Es gab unzählige Lieder zu singen, aber es gab nur einen Eid zu schwören: den, die Heimat zu verteidigen. Und das ging offensichtlich nur, wenn die Gewehre sprachen.

Doch wenn die Gewehre schwiegen und wir nicht Horst Viedt gedachten, waren wir wie andere Kinder auch. Grob und gemein, schadenfroh und abenteuerlustig. Naiv genug, etwas Ferienlagerstimmung aufkommen zu lassen, trafen wir uns heimlich hinter den Baracken und redeten uns ausnahmsweise nur mit unseren Namen an. Es war uns ein Vergnügen, dann nicht Kamerad zu heißen, sondern Anke, Elvira, Stefan, Torsten, Mike oder Abini.

Dabei mussten wir unsere Treffen streng geheim halten und ganz besonders vorsichtig sein, denn unsere Lehrer wachten feldwebelhaft über die Lagerordnung. Zu ihrer Verstärkung teilten sie Diensthabende ein, Kinder, die Nachtwache schieben mussten und – das war die dritte Regel – ihre Freunde verpetzen sollten, wenn ihnen «etwas Ungewöhnliches» an ihnen auffiel. Glücklicherweise waren die kleinen Feldwebel mit Kinderschokolade zu bestechen. Leider durfte es nur die von Ferrero sein. Hatte also Timur vor einer Reise ins Wehrerziehungslager das Westgeld von Frau Schaklewski sinnvoll in Süßigkeiten investiert, konnte sein Trupp recht lange Nächte erleben.

Morgens, wenn der Tag mit ausgiebigem Frühsport begann, hingen wir natürlich durch. Auch beim Fahnenappell, wo unüberhörbar Lieder aus den Lautsprechern dröhnten: «Dem Morgenrot entgegen / ihr Kampfgenossen all! / Bald siegt ihr allerwegen, / bald weicht der Feinde Wall! / Mit Macht heran und haltet Schritt! / Arbeiterjugend? Will sie mit?» Ja, möglicherweise wollte sie mit. Aber nach Frühsport und Fahnenappell hatte die Arbeiterjugend zunächst ein anderes Problem, der Feind hieß: großer Hunger.

Einmal saßen wir wieder unausgeschlafen, genervt und voller Vorfreude auf die kommende Nacht im Speisesaal und frühstückten, als meine Freundin Anke mich bat, ihr die Butter zu reichen. Ein Lehrer hörte das und befahl in scharfem Ton, dass sie drei Strafrunden auf nüchternen Magen absolvieren solle. Denn Regel Nummer vier besagte: «Beim Essen wird nicht gequatscht!» Sie erwiderte, dass sie das nicht verstehe – da musste sie noch eine Gasmaske aufsetzen. Als sie nach der ersten Runde ohnmächtig umfiel, war das der Beweis, «wie schnell ein schlechter Patriot aus der Fassung zu bringen ist». Von da an betete ich: «Mach, dass Anke und ich nicht mehr beim Essen quatschen. Lieber Gott, lass uns gute Patrioten sein.»

Der liebe Gott muss mich gehört haben und ließ uns beim Essen schweigen, aber er war sich wohl nicht sicher, ob wir allein deswegen gute Patrioten sein würden, und so schickte er uns vorsichtshalber in die Arbeitsgemeinschaft Schießen. Das Wehrerziehungslager gab es schließlich nur einmal im Jahr, da konnte man seine Vaterlandsliebe in den anderen Monaten schnell vergessen; die Arbeitsgemeinschaft Schießen jedoch gab es immer, sie lieferte sozusagen das Selbstverständnis für den Alltag. Also gut, gingen wir schießen.

Vor den Waffen hatten wir keine Angst. Viel unheimlicher war, dass sich der Schießstand unserer Schule in Kellerräumen befand, in denen Rattenkegel lagen, und wir fürchteten uns vor Ratten. Wir überwanden diese Angst, denn unser Ausbilder meinte, dass die Übungen nicht umsonst seien und uns eines Tages nützen würden. Er gab uns das Gefühl, als warte der Feind mit seinem Angriff, bis wir fertig ausgebildet wären. Regel Nummer fünf war klar: Der Ausbilder hat immer Recht.

Tatsächlich nützte es mir wenig, dass ich ein guter Schütze geworden war. Nur einmal habe ich auf dem Rummelplatz einen Schießbudenbetreiber verängstigt, weil ich sämtliche Gewinne abräumte. Dabei nahm ich die Ziele bloß deshalb so beherzt ins Visier, weil ich mir vorstellte, jede Papierrose sei eine Ratte. Aber das konnte der arme Mann ja nicht wissen.

Irgendwie hatte ich erwartet, als Jugendliche eines Tages eine Einberufung vom Wehrkreiskommando zu bekommen. Jedenfalls wurden an unserer Schule reichlich Mädchen für den Militärdienst geworben. Mamel meinte, ich solle nicht einmal daran denken, doch das war nicht so einfach, schließlich war ich wehrerzogen.

Schon an ganz normalen Schultagen wurde ich daran erinnert: Die Basis ist die Grundlage aller Fundamente! Disziplin muss sein! Mannschaftsdisziplin sowieso! Damit uns diese sechste Regel nicht entfiel, mussten wir uns auf dem Schulhof fürs Mittagessen ausrichten, also in Reih und Glied aufstellen. Jede Klasse, bei Wind und Wetter. Ich kannte keine andere Schule, an der so etwas exerziert wurde. Das lag wahrscheinlich daran, dass ich nie eine andere Schule kennen gelernt hatte.

Das Prinzip des Einlasses war simpel: Wenn ein Schüler

nicht schnurgerade auf Reihe stand, kam dessen Klasse nicht in den Speisesaal. Das brachte dem Betreffenden massiven Zuneigungsentzug, vor allem im Winter, wenn wir uns wegen eines Verräters mannschaftlich die Hintern abfroren und als letzte Klasse Essen fassen durften.

Doch nicht nur der Kälte wegen war der Winter an unserer Schule immer besonders anstrengend. Sobald es schneite, mussten wir in den Hofpausen, in denen wir nicht nach Essen anstanden, im Kreis laufen. Denn das war die siebte Regel: Jedes Kind hatte ein anderes an der Hand zu fassen, damit keine Schneeballschlacht entstehen konnte. In der ersten Zeit, in der wir noch oft vergaßen, unsere Handschuhe anzuziehen, steckten wir uns tagsüber mit Warzen an, die unsere Eltern abends mit Höllenstein wegzubekommen versuchten. Auf den Elternversammlungen tauschten sie gern alternative Heilmethoden aus, die sich bei einigen Kindern besonders gut bewährt hatten. Nach einem solchen Elternabend wartete Mamel den nächsten Vollmond ab, dann ging sie mit mir auf den Balkon, hielt meine Hände in die Dunkelheit oder sprach mit ihnen. Ich fand das ganz unterhaltsam und wurde tatsächlich ein warzenfreier Bürger.

Aber war ich auch ein vorbildlicher? Einer, der für den großen Sieg des Sozialismus taugte? An unserer Schule wurde die Frage folgendermaßen beantwortet: Wer für den Sozialismus vorbildlich Partei ergreifen will, muss den Klassenfeind hassen. Dafür gab es die Regeln Nummer acht, neun und zehn: Ein guter Sozialist trägt keine Westtüten, keine Westparkas und keine langen Haare, sondern Handschuhe, Handschuhe und nochmals Handschuhe. Und weil einige Schüler den Staatsbürgerkunde-Unterricht und die darin angesprochene «Weltoffenheit der SED und ihren proletarischen Internationalismus» als Einladung zum geistigen Pluralismus missverstanden, wurden die Regeln auf elf erweitert: Eine sozialistische Persönlichkeit stellt das ideologische Bewusstsein nicht in Frage. Niemals. Ich verstand: Jeder, der Westklamotten anzog, blöde Fragen stellte und lange Haare trug, hatte wahrscheinlich auch keine Handschuhe bei sich und war ein Klassenfeind.

Das war nicht schwer zu begreifen; leider blieb es nicht so einfach, ein guter Sozialist zu werden, denn in jedem Schuljahr kamen ein paar neue Regeln dazu. Wie gesagt, meine Schule war anders als andere.

Im siebten Schuljahr verbot uns Regel Nummer zwölf, Kaugummi zu kauen. Taten wir es trotzdem, hieß es: Maczkowiak, Schulze, Konarski, vortreten! Die Schüler mussten nach vorne kommen, das Corpus Delicti in einen Mülleimer spucken und diesen dann gemeinsam zu dem Container hinunterbringen, der auf dem Schulhof stand. Unsere Lehrer beobachteten vom Fenster aus, ob die Schüler tatsächlich auf dem Hof ankamen. Erst dann ging der Unterricht weiter.

Die dreizehnte Regel verbot uns wenig später, Stoffturnschuhe zu tragen. Wer es dennoch wagte, wurde aus dem Unterricht entlassen und nach Hause geschickt, um dort nach «festem Schuhwerk» zu suchen. Als die Regel noch so neu war, dass sie keiner kannte, traf sie zuerst meine Freundin Anke. Ihr Vater war gerade von einer Westreise zurückgekehrt. Er hatte seinen Bruder besuchen dürfen und Schuhe mitgebracht. Als er die grünen Nylon-Treter zu Hause auspackte, kamen Anke die Tränen. Hatte sie sich nicht ganz klar ausgedrückt? Weiße Knöchelturnschuhe aus Leder und von Adidas! Aber sie kriegte etwas völlig anderes und sollte sich dafür sogar bei ihrem Onkel bedanken. In ihrer Verzweiflung rief sie mich an, es war ein Drama, und ich trauerte mit ihr. Doch am nächsten Tag änderte sich Ankes Verfassung: Bevor die erste Stunde begann, wurde sie nach Hause geschickt.

Unser Mathematiklehrer war eine aufs Strengste gescheitelte Erscheinung, die zu allem Überfluss geometrisch in einer Art Anzug verpackt war. Schon äußerlich gab er sich so rechteckig, dass man hätte glauben können, die Erde wäre keine Scheibe, sondern ein Quadrat. Die Mathematik, die er verkörperte, duldete Ungleichungen oder Ungeraden nur in der Theorie, nicht in der Wirklichkeit, Gleichmacherei war ihm am liebsten. Für ihn war das Leben eine Rechenaufgabe, die man mit Logik lösen konnte. Er addierte seine Anforderungen an uns und dividierte sie durch unsere Unfähigkeit, sie jemals zu erfüllen. So wurden wir nie seine Schüler, sondern blieben immer seine Nullen. Nullen, die jetzt auch noch Stoffturnschuhe trugen. Dafür hatte er keine Formel.

Anke war von der Entlassung aus dem Unterricht freudig überrascht, doch ihr Vater wunderte sich, seine Tochter so schnell wiederzusehen. Er wunderte sich noch einige Tage, inzwischen hatten sich alle Kinder mit Westverwandten bereits Stoffturnschuhe besorgt, um ganz legal dem Unterricht fernbleiben zu können. Wir brauchten nun nicht mehr bis zur Besinnungslosigkeit heiße Cola zu trinken, damit uns schlecht wurde und wir nach Hause gehen durften, wir brauchten nur Stoffturnschuhe anzuziehen. Das klappte gut. Plötzlich aber hatte Ankes Vater keine Lust mehr, sich zu wundern. Er machte sich auf den Weg, und auf der Straße vor der Schule traf er unseren Mathelehrer. Der war Chef der Schülerlotsen und brachte sich jeden Morgen ins Verkehrsgeschehen ein. Ankes Vater ging auf ihn zu und rief ihm ins Gesicht, dass seine Tochter Stoffturnschuhe tragen könne, wann und wo es ihr passe. Der Lehrer wusste nicht, wie ihm geschah, wer ihn da anschrie, und Ankes Vater stellte sich nicht vor, weil er Repressalien gegen seine Tochter fürchten musste. Doch sein Auftritt mitten auf der Kreuzung zur Hauptverkehrszeit war so wirkungsvoll, dass bald alle unbehelligt Stoffturnschuhe tragen durften. Und wie kamen wir jetzt an unsere «Freistunden»?

Lange mussten wir nicht warten, da gab es eine neue, die vierzehnte Schulregel: Wir wurden nach Hause geschickt, weil «der Radiergummi bemalt» war. Kleine Kreuzchen oder Pünktchen genügten, damit es hieß, das sei ja wohl «kein ernsthaftes Arbeitsmittel» mehr. Dann mussten wir den Radiergummi daheim «anständig waschen». Und das konnte dauern.

Unser Mathelehrer engagierte sich besonders, wenn es darum ging, die Schulregeln zu vervollkommnen. Dafür hatte er mehre Ämter inne, die er sich selbst geschaffen hatte: Er war nicht nur Chef der Schülerlotsen, er teilte auch Ordnungstrupps ein. Zu Ordnern erhob er die älteren Schüler aus der neunten oder zehnten Klasse. Während der Unterrichtspausen standen sie auf den Treppen und bestraften alle, die auf der falschen Seite rauf- oder runterliefen, also die fünfzehnte Regel verletzten. Links war falsch? Links war falsch. Erwischten die Ordner einen Schüler, musste der sämtliche Stufen zurückgehen und dann die rechte Treppenseite benutzen.

Außerdem regelte der Mathelehrer die Hofpausen für

uns. Einen schwarzweißen Stab hatte er schon, schließlich war er ja der oberste Schülerlotse. Mit diesem Stab malte er Zeichen in die Luft: Hielt er ihn senkrecht, durften wir vorbei, hielt er ihn waagerecht, war das Passieren nicht erlaubt. Obwohl er seine Bewegungen nie kommentierte, hatten wir verstanden. Wir waren schon ganz gut erzogen.

Es hätte schlimmer kommen können, denn der Mathelehrer, der über die Ordnungstrupps, die Schülerlotsen und die Hofpausen wachte, war auch Klassenlehrer. Wir waren uns einig, dass die Kinder seiner Klasse nicht zu beneiden waren. Und das stimmte. Als er im achten Schuljahr unser Klassenlehrer wurde, waren wir wirklich nicht zu beneiden.

Bis zu diesem Zeitpunkt – ich war jetzt vierzehn – hatte Mamel schon einiges darangesetzt, dass die Schule nicht im Zentrum meines Lebens stand. Sie hatte mich in einen Schwimmverein gesteckt und zur Musikschule geschickt, jahrelang war ich viermal die Woche unterwegs. Doch es nutzte nichts, ich musste ja jeden Morgen in meine Schule, sechsmal die Woche. Am Tag, als Mamel erfuhr, wer unser neuer Klassenlehrer werden sollte, beschloss sie, sich ins Elternaktiv wählen zu lassen, «um den Überblick zu behalten», wie sie sagte. Schließlich hatte sie einmal versprochen, immer auf mich aufzupassen, und jetzt sah sie akuten Handlungsbedarf.

Im Schwimmverein hatte sie bereits den Kassiererposten übernommen, in der Musikschule gab es keine Ehrenämter, so hatte Mamel noch Reserven. Als Mitglied des Elternaktivs kam sie von nun an bei allen Wandertagen mit. Und während meine Mitschüler sich hinter den Büschen vergnügten und sich für ihre ersten Küsse schämen konnten, stapfte ich zwischen meiner Mamel und meinem Lehrer. Nur Anke stapfte hin und wieder eine kurze Strecke neben uns, sozusagen als freundschaftliche Geste.

Mamel war seitdem überall präsent, selbst bei Klassendiscos. Früher hatte ich mich auf die Discos gefreut, weil ich für mein Leben gern tanzte, aber nun blieb ich sitzen, denn ich schämte mich, vor Mamel nach AC/DC Luftgitarre zu spielen oder gar auszurasten. So gut behütet, fühlte ich mich manchmal einsam und trauerte um meine kleinen Freiheiten – doch Mamel war mir nicht böse deswegen. Sie empfand es als großzügig, dass sie mir mein Klagen nicht übel nahm. Andere Eltern hätten bei so viel Undankbarkeit ... Egal. Ich vermutete, dass Mamel ein bisschen schräg drauf war.

Mehr wollte ich eigentlich auch nicht. Ich wollte auch nur ein bisschen schräger drauf sein und nicht dauernd zur Musikschule rennen, zum Schwimmtraining oder zum Konfirmandenunterricht. Also versuchte ich, Mamel davon zu überzeugen, dass ich wenigstens nicht mehr zum Verein musste. Und überraschend, wie Mamel sein konnte, schmiss sie ohne Jammern den Kassiererjob.

Von da an ging ich mit meiner Freundin Anke regelmäßig ins SEZ, das Sport- und Erholungszentrum in Friedrichshain. Dort tauchten wir zweimal pro Woche in eine andere Welt ein. Wir lernten neue Freunde kennen, die ihr Leben wesentlich autonomer bestimmten als wir und sich in ihren Schulen Dinge erlaubten, an die wir nicht einmal zu denken wagten. Wir waren beeindruckt. Sie fingen an, mit uns über Schein und Sein zu philosophieren – es gab genug, was nicht so war, wie es schien –, und Anke und ich laborierten fortan an unserer Weltanschauung. Wir philosophierten gern und viel, was blieb uns übrig? Wir kannten ja sonst keine Möglichkeiten, unser Bewusstsein zu erweitern.

Beim Anschauen der Welt einigten wir uns etwa darauf, dass es gar nicht möglich sei, New York jemals zu sehen, und wie unvorstellbar es erst sei, New York niemals zu sehen. Auf der Suche nach der Wirklichkeit ließen wir unsere Gedanken schweifen und landeten am Ende wieder bei profanen Dingen.

Wir konnten nämlich auch provinziell. Sehr heimatverbunden war zum Beispiel die Erfahrung, dass sich Glück durch Mangel empfinden ließ: Unsere Freunde trugen Fleischerhemden aus dem VEB Berufsbekleidung und Tramper, wildlederne Bergsteigerschuhe. Beides, Hemden und Schuhe, war Mangelware, sodass die Jagd nach diesen Kleidungsstücken für mich eine Art Ersatzsport für mein Schwimmtraining wurde. Überhaupt konnte uns plötzlich vieles glücklich machen: Später kamen zu den Fleischerhemden und Schuhen noch Ohrlöcher, lange Haare, Shell-Parkas und andere Dinge dazu.

Mamel meinte zwar nach wie vor, dass Schulbildung bis auf weiteres nicht schaden könne, trotzdem setzte sie sich auch für meine neuen Bedürfnisse ein. Sie redete mit meinen Tanten am Telefon: «Annelotte, frag mich nicht, warum, aber es dürfen keine Apachi-Jeans mehr sein oder so was. Das Kind will nur Levi's oder Wrangler.» – «Erika, die Turnschuhe dürfen auf keinen Fall bloß zwei Streifen haben, es müssen drei sein.» Meine Tanten, die, wie gesagt, gar nicht meine Tanten waren, sondern Freundinnen meiner Mutter, wunderten sich: «Ilse, das ist ja bei euch drüben schlimmer als bei uns. Wir haben unseren Kindern diesen

Markenwahn schon wieder abtrainiert.» Mamel antwortete: «Wir sind noch nicht so weit. Hier kommt alles ein bisschen später.»

Schöner als alle Geburtstage zusammen waren dann die Tage, an denen der Postbote einen Abholschein in den Briefkasten steckte. Es war erstaunlich, wie sehr ein kleiner Zettel mein sozialistisches Bewusstsein trüben konnte und wie schnell mich meine Beine zur Paketausgabe nach Friedrichsfelde trugen. Zu Hause zelebrierte Mamel das Öffnen eines Westpakets, indem sie eine Ewigkeit nach einer Schere suchte. Früher oder später stand ich dann vor ihr – mit einem Küchenmesser in der Hand. Damit ging es einfach schneller. Warum sich so viel Mühe geben, die Pakete waren sowieso nicht richtig verschlossen: Manchmal fehlte etwas, zum Beispiel die Bücher für Mamel. Aber die Jeans, die waren immer drin.

Weil Mamel sich so für mich einsetzte, wollte ich sie nicht enttäuschen, obwohl ich von Tag zu Tag weniger Lust auf die Schule hatte. Als ich in der neunten Klasse nichts mehr vom Lernen hielt und meine erste Fünf bekam, simulierte Mamel einen Herzanfall. Mit allem Drum und Dran. Erst verkrampfte sich ihr Gesicht, dann der ganze Körper. Schließlich sank sie auf die Couch, meinte, ich solle ihr keine Blumen ans Grab, sondern lieber gute Zensuren nach Hause bringen, und streckte mir ihre Hand entgegen. Ich schlug ein.

Das hatte sie wirklich nicht verdient. Beim nächsten Mal wollte ich ihr eine gute Note präsentieren. Jedoch möglichst, ohne pauken zu müssen. Also setzte ich mich bei der bevorstehenden Mathearbeit neben die Klassenstreberin, Britta Dalle, und schrieb wie besessen von ihr ab. Alles. Das schien mir am sichersten. Zwei Tage später gab uns der Lehrer die Hefte zurück und meinte, er habe von mir keine Arbeit bekommen, von Britta Dalle dagegen zwei.

In meinem blinden Ehrgeiz hatte ich auch den Namen meiner Banknachbarin abgeschrieben. Dafür wurde mir ein Tadel angekündigt, und ich erhielt den Platz direkt vor dem Lehrertisch. Als ich Mamel am Abend alles beichtete und dachte, sie bekäme wieder einen Herzanfall, war sie ganz entzückt von meinem Malheur. Sie dankte dem lieben Gott, dass ich endlich in der ersten Reihe sitzen musste. Das mit dem Tadel wollte sie aber noch klären.

Am nächsten Tag begleitete sie mich zur Schule und meinte vor dem Klassenzimmer: «Bleib draußen. Verlass dich auf mich.» Die Tür blieb einen Spalt offen, und ich sah, wie Mamel vollkommen aufgeräumt auf meinen Lehrer zuging, mit ihm sprach und schließlich darauf bestand, dass «meine Tochter den Tadel erhält». Dann drehte sie sich um, zwinkerte mir zu und ging zur Arbeit. Sie wusste, dass unser Lehrer sich nichts vorschreiben lassen wollte. Schon gar nicht von Eltern. Um uns zu zeigen, wie ernst ihm das war, hat er den Tadel absichtlich nicht ausgesprochen, sozusagen als Denkzettel. Mamel war genial.

Nun saß ich also tadellos auf der Strafbank, an der vordersten Front unserer Klasse. Michael Treede, ein charmanter Sitzenbleiber, vergnügte sich unterdessen mit den Mädchen in den hinteren Reihen und spielte «Anhalten oder Weiterfahren»: Er legte seine Hand auf ihren Bauch, bewegte sie in Fünfzentimeterabständen auf ihren Busen zu, und die Mädchen sagten ihm, wann er anhalten musste und wann er weiterfahren durfte. Da ich ein mageres, sich spät entwickelndes Teilchen war, vermisste Michael mich dahinten nie. Einmal sind wir uns dennoch nicht entkommen: Ich betrat gerade den Klassenraum, als er hinter der Tür versteckt auf Mädchen wartete, die er begrapschen konnte. Ich trug eine Latzhose, und auf der Höhe, auf der andere schon Busen verstauten, verstaute ich meinen gewaltigen Schlüsselbund. Michael streckte blitzschnell seine Hand aus, um routiniert in einer weichen Brust zu landen. Doch diesmal winselte er. Ich war entsetzt: Der erste Junge, der nach meinem Busen griff, verstauchte sich die Finger. Fortan gingen wir uns aus dem Weg.

Auch die übrigen Jungs unserer Klasse waren frustrierend und durch die Bank so langweilig, dass ich mich gut mit dem Platz in der ersten Reihe arrangierte. Wären sie ein klein wenig spannender gewesen, hätte ich mich gern ablenken lassen, aber sie waren vom Schwachsinn befallen und spielten «Mundgeruch», «Schlitzauge» oder «Jui». Letzteres war ihr Lieblingsspiel. Dabei rollten sie die Silberfolien ihrer Frühstücksbrote zu einer Kugel und warfen nach einem Opfer, das dann «Jui» war und – sie machten daraus Regel Nummer sechzehn – die Mappen aller Jungs in der Pause zum nächsten Klassenraum schleppen musste. Bei diesen Jungs wurde einem das Lernen geradezu leicht gemacht.

So blieb es, bis zum Schluss.

Es gab Momente, in denen nahm ich an, das alles sei nur für mich inszeniert: diese Lehrer, diese Schule, diese sauberen Radiergummis. Da habe ich nicht geglaubt, das könne Wirklichkeit sein. Manchmal dachte ich sogar, wenn ich zu Hause die Tür von außen zuschlage, ist dort kein Kinderzimmer mehr, als existiere mein Zimmer nur, wenn ich es sehe. Ich war völlig sicher, dass es etwas gab, das an mir testete, ob es sich so leben ließe – in dieser Zeit, in dieser Gegend, mit diesen Menschen. Es kam mir vor, als sei ich ein Proband, mit dem ein Spiel gespielt würde. Ich fing an, Fragen zu stellen.

Mamel verstand und beteuerte, dass ich definitiv aus ihrem Bauch gekommen sei und dass mein Zimmer auch immer dasselbe Zimmer sei, wenn sie hineinschaue. Ich vertraute ihr. Wenn Mamel also dasselbe Zimmer sah, das wurde mir schlagartig klar, dann waren wir beide Versuchskaninchen, denen ein großes Berlin-Lichtenberg vorgemacht wurde.

Diese frühe Form der vorsichtigen Skepsis ereilte mich 1983. Zu jener Zeit, als die DDR aufatmete, weil sie sich über Franz Josef Strauß einen Milliardenkredit organisiert hatte, atmete ich auf, weil die Schule zu Ende ging. Möglicherweise hatte hier jeder jedem etwas vorgemacht. Ich wusste es nicht, ich war nur ein bisschen argwöhnisch geworden. Zum Glück hatte ich mir bis dahin nur die Geisteskraft geleistet, die mir meine Schule all die Jahre über abgefordert hatte, sonst hätte meine Skepsis mir die ganze Kindheit versaut.

Mamel freute sich, dass sich ihre Erwartungen erfüllten: Wir hatten die Schule mit Eins abgeschlossen. Und ich freute mich, dass ich sie nicht enttäuscht hatte, und noch mehr, endlich die Probezeit hinter mich gebracht zu haben. Meine Tanten und Onkel meinten, dass jetzt «der Ernst des Lebens beginnt». Der Spaß sei nun vorbei.

Vorbei? Der Spaß?

2
Tee statt Kaffee

So bin ich also durch den Spaß gehetzt, ohne ihn genossen zu haben.

Mein Verstand sagt, es wäre gut, wenn mein Leben eine kleine Pause einlegen würde, damit ich zu mir käme. Es sei zu rasant, und wenn ich nicht aufpasse, könne es mir versehentlich abhanden kommen. Soll ich also eine Pause machen?

Mein Gefühl meint, für die Kunst der Auslassung sei es zu früh.

Für Mamel stand fest, dass ich nach der zehnten Klasse auf die erweiterte Oberschule gehen, Abitur machen und dann studieren würde. Auch ich hatte nie daran gezweifelt, aber auf einmal war ich mir da nicht mehr sicher. Am Ende der zehnten Klasse wurde mir bewusst, dass dies möglicherweise nicht das Leben war, auf das ich mich so freute. In mir entwickelte sich ein Bedürfnis, mich gegen meine geplante Zukunft zu wehren und allen Zwang von mir abzuschütteln. Schließlich war ich ein junges Mädchen, das seine Vergangenheit noch vor sich hatte. Ich wollte aussteigen und beschloss kurzfristig, einen neuen Weg einzuschlagen. Einen Weg, auf dem ich über meine eigenen Herausforderungen stolpern würde und nicht über die Herausforderungen anderer.

Als ich Mamel meinen Entschluss mitteilte, kam ich ihr sogleich zuvor und simulierte einen Herzanfall, von dem «ich mich niemals erholen» würde, wenn «mein Leben so weitergeht». Und weil Mamel das nicht wollte, reagierte sie mit mütterlich-liebevollem Verständnis. So begab ich mich in meinen letzten Sommerferien, in denen alle schon wussten, wie und wo und wann es mit ihnen weiterging, auf die Suche nach einer Lehrstelle. Mamel fand das kamikazehaft, denn alle Stellen waren längst vergeben. Ich fand das toll, denn die erste Herausforderung wartete auf mich.

Mein Traum war es, als Empfangssekretär an der Hotelrezeption zu arbeiten. Mamel hatte das jahrelang im Johannishof getan, dem Gästehaus der Regierung, bevor sie ins Labor wechselte, um nicht so weit von meiner Schule weg zu sein. Anstatt Englisch und Chinesisch zu sprechen und hochrangige Gäste willkommen zu heißen, tippte sie nun Patientenbefunde aufs Papier. Statt diplomatischer Protokolle umgaben sie Blutentnahmen und Urinproben. Mamel war es egal, Hauptsache, sie wusste sich in meiner Nähe. Doch der Johannishof hat sie nie wirklich losgelassen, sie erzählte davon, als hätte sie erst gestern dort aufgehört.

Das faszinierte mich. Meinen Traum teilte ich allerdings mit vielen anderen, und es gab nur drei Lehrstellen für Empfangssekretäre in Berlin. Das wäre ein hinreichendes Argument gewesen, mich als Bewerber abzulehnen. Aber die Kaderabteilung des Interhotels begründete schriftlich, dass ich mir auch für die kommenden Jahre «keine Illusionen machen» solle, da mein Vater «Ausländer» sei. Das verstand ich nicht. War ich kein richtiger DDR-Bürger? Wussten die nicht, dass mein Vater Kommunist war?

Mamel machte dieses Absageschreiben wütend, und sie wandte sich an die Interhotel-Direktion. Dadurch erreichte sie, dass wir dort einen Termin mit der Kaderchefin bekamen. Abends standen Mamel und ich uns freudestrahlend gegenüber.

«Ich hab was für dich!» Mamel winkte mit einem Brief.

«Ich hab auch was für mich. Eine Lehrstelle.»

«Aber hier ist ein Termin für ein Gespräch. Es geht um den Empfangssekretär. Willst du nicht wenigstens hingehen?»

«Mamel, ich will keine Entschuldigung, ich will eine Lehrstelle. Ich werde Friseur.»

«Um Himmels willen. Ach Gott. Also gut. Dann wirst du Friseur. Trotzdem kommst du zu dem Gespräch mit dieser Kaderzicke.»

«Wenn ich dann Friseur werden darf?»

«Ja, ja, du hast dich doch schon entschieden. Aber warum ausgerechnet Friseur? Du bist doch handwerklich total unbegabt, im Werkunterricht hattest du eine Drei.»

«Das will ich jetzt ändern. Wenn ich gut bin, kann ich später in die Maskenbildnerei gehen.»

«Wenn du gut bist, mein Liebes, schaffst du den Lehrabschluss. Und wenn du dann noch gut bist, suchst du dir was anderes. Kindchen. Du könntest studieren, aber für einen Friseur hast du nicht das Zeug!»

«Immerhin kann ich Kundengespräche führen.»

«Na, dann erzähl denen mal, wie man dich behandelt.» Mamel zeigte auf den Brief vom Interhotel.

Ich versicherte ihr, dass ich all meinen zukünftigen Kunden davon berichten würde. Mamel entspannte sich.

Am nächsten Tag gingen wir zum Gespräch in die Interhotel-Direktion und wurden freundlich empfangen. Ohne große Umschweife kam die Kaderchefin zur Sache und zauberte eine Lehrstelle hervor. Genauer gesagt, bot sie mir gegen «Herausgabe des Absageschreibens» großzügig eine Ausbildung an.

Ich entschied mich dafür, den Brief lieber zu behalten. Und verabschiedete mich.

Mamel, die während des ganzen Gesprächs geschwiegen hatte, sagte vor der Tür, dass sie vor Stolz kaum laufen könne und dass sie mir vertraue. Die Kaderchefin ließen wir verstört zurück.

Im September 1983 begann ich meine Ausbildung in der Produktionsgenossenschaft des Handwerks «Elegante Haarmode». Die Filialen dieser PGH lagen rund um den Alexanderplatz, und ich fand den Alex schon immer sehr weltstädtisch. Ich dachte, am Nabel Berlins zu arbeiten, bedeute wahrscheinlich auch, ein Metropolendasein zu führen: anspruchsvoll und trendbewusst. Bereits als Kind sah ich nachts von meinem Zimmer aus den Fernsehturm blinken, und dann hatte ich das Gefühl, in Verbindung mit der großen weiten Welt zu stehen. Ich fragte mich, was wohl gerade zu seinen Füßen und auf dem Alex vor sich ging, während ich einschlafen musste. Und ich träumte Geschichten, von denen ich hoffte, dass ich sie eines Tages selbst erleben würde. Der Fernsehturm lieferte in meiner Phantasie ein Drehbuch bester Qualität. Nun endlich könnte ich mitspielen, von meiner Metropolen-PGH aus. Ich freute mich auf die Lehre und auf die andere Welt.

Doch schon nach einer Woche stellte ich fest, dass ich beim Wechsel von der Schule ins wirkliche Leben lediglich vom Regen in die Traufe kam. Vieles schien sich zu wiederholen, auch in Berlins Mitte.

Im Lehrunterricht saß ein sanftes blondes Engelchen namens Bianca neben mir. Leider nur die ersten vier Tage. Wir wurden auseinander gesetzt, weil ich zu viel mit ihr schwatzte und sie dabei eingeschlafen war. Bianca meinte, das liege an meiner Frequenz, ich würde auf einem Level sprechen, das sie automatisch müde mache. Ich sagte, dass ich das sehr ehrlich fände. Dann regte ich mich auf, denn ich hatte ein Déjà-vu: Ich saß schon wieder in der ersten Reihe vor dem Lehrertisch. Erst als Bianca erklärte, dass sie mich da wegholen würde, beruhigte ich mich. Aus diesem Versprechen wurde Freundschaft.

Mamel sagte, wenn zwei Frauen eine Freundschaft besiegeln, dann heißt das nur, dass sie sich einig sind gegen eine dritte. Bei uns war das nicht so, denn wir waren weder richtige Frauen, noch waren wir uns einig. Carmen, die ebenfalls in unserer PGH lernte, war eher unsere Ergänzung, denn sie vereinte in sich alle Gegensätze, die Bianca und mich ausmachten: Sie konnte so feurig wie ihre roten Haare und gleichzeitig völlig gelassen sein. Sie hatte nicht viel übrig für Regeln und hielt sich am genauesten daran. Sie kannte eine Menge Tricks, und manche davon hätte sie nie angewendet. Sie war diven- und mädchenhaft zugleich, Carmen war unser Medium. Wir hatten uns gefunden, bevor wir uns gesucht hatten. Carmen, Bianca und ich spürten, dass uns eine aufregende Zeit bevorstand – außerhalb der Lehre.

Ohne dass wir es beschwören mussten, waren wir eine Seele in drei Körpern: Wir fragten, wie es der anderen geht, und warteten auch die Antwort ab. Wir waren füreinander da, wenn wir uns brauchten und wenn wir uns nicht brauchten. Wir liehen uns gegenseitig Bücher aus und sahen sie nie wieder. Wir richteten unsere Umzüge nach den freien Tagen der anderen ein. Wir brachten bei Besuchen eine Flasche Rotwein mit und tranken zwei. Dann kam es vor, dass wir tiefsinnige Gespräche führten, aber genauso gern plätscherten wir an der Oberfläche und lachten über unsere müden Späße. Wir hatten dieselben Feinde und waren jederzeit bereit, Belanglosigkeiten in großen Krisensitzungen zu beraten. Wir fingen an, für uns zu schwärmen.

Tagsüber arbeiteten wir in unserem Neubausalon, dem so etwas verkommen Klinisches anhaftete. Er hatte helle Räume mit großen Schaufenstern, die freundlich, aber ein wenig heruntergewirtschaftet wirkten. Die roten Kunstlederstühle hatten etwas Anspruchsvolles, der Kassenraum mit seinen vielen Regalen etwas Offenes, der riesige Salon mit seinen vielen Spiegeln etwas Mondänes. Anspruchsvoll, offen und mondän – das alles stimmte natürlich nicht, und jeder wusste es. Aber ich konnte mir den Salon schöngucken. Mir war er angenehm, denn er befand sich am Alex, und das genügte.

Am Alex gab es viele Büros und Hochhäuser und entsprechend viele Kunden. Wir arbeiteten im Zweischichtensystem zwischen 6 und 22 Uhr, trotzdem waren wir manchmal schon Wochen im Voraus ausgebucht. Da bekam man schnell Stammkundschaft, auch solche mit Beziehungen. Bald hatte ich das Gefühl, dass in der DDR jeder Beruf wichtig war. Die Kunden besorgten mir später sechzig langstielige Rosen, die ich Mamel zum sechzigsten Geburtstag schenkte, sie organisierten uns Auslandsreisen über Jugendtourist, reservierten Jeans oder Bücher oder legten bei ihren Bekannten vom Wohnungsamt ein Wort für ihren Friseur ein. Es gab keinen Zweifel, unsere Dienstleistungsbranche war tatsächlich eine.

Anfangs drückte Carmen als Kosmetikerin lediglich Pickel aus, Bianca und ich behandelten nur Schuppen. Nach einem halben Jahr überraschte uns unsere Ausbilderin damit, dass wir uns nun Handwerkszeug beschaffen durften. Innerhalb einer Woche musste ich eine anständige Frisierschere auftreiben. Da konnte kein Kunde helfen, da musste Mamel ran. Denn Frisierscheren waren keine Mangelware, Frisierscheren gab es überhaupt nicht. Wir lösten das Problem durch unsere altbewährten Tanten-Kanäle.

Bianca und ich sahen uns schon Lockenwickler aufdrehen, Dauerwellen fixieren und an Wasserwellen oder am Messerformschnitt versuchen. Wir hatten Lust, Neues auszuprobieren, aber wir hatten auch eine Lehrausbilderin, die die Kunst der Entdeckung verabscheute und uns zwang, Rechtecke und Quadrate zu schneiden, die sie dann Frisuren nannte. Sie meinte, bevor wir Kreativität einforderten, sollten wir erst mal lernen, Bürsten, Papilloten und Wickler ordentlich zu reinigen. Dann schickte sie uns in den Keller, um die benutzten Handtücher aufzuhängen – nur die restlos verdreckten kamen in die Wäsche, die übrigen wurden nach dem Trocknen einfach wieder verwendet. Es war leichter, als wir dachten, die Freude am Beruf zu verlieren.

Um unser Selbstbewusstsein zu stärken, gingen Bianca, Carmen und ich abends oft in die Disco. Dort fühlten wir uns frei und nicht bevormundet. Wir bastelten unser Äußeres zurecht und verwandelten uns in eine schwarz-rotblonde Gefahr. Das nahmen wir zumindest eine Zeit lang an.

Doch wir waren alles andere als gefährlich. Wir gingen in Discos, um zu tanzen, einfach nur, um zu tanzen. Wir ließen uns nicht abschleppen und schleppten selbst nicht ab. Und die Jungs munkelten bald, dass wir wahrscheinlich lesbisch seien, weil wir von ihnen nicht so animiert waren wie von Gloria Gaynors «I Am What I Am». Wir überlegten, ob da was dran sein könnte: Immerhin waren wir schon fast siebzehn und hatten noch keinen festen Freund. In diesen Kreisen galten wir bereits als «nahe am Verfallsdatum». Unsere sexuelle Zukunft war in der Tat recht ungewiss, weil nichts passierte. Wir einigten uns darauf, dass im Falle eines Falles nichts zu ändern sei. Wir mussten nicht alles verstehen. Uns mussten nicht alle verstehen. Carmen meinte: «Lesbisch ist wenigstens nicht so schwul wie hetero.» Und damit hatte sie zweifelsohne Recht.

Mamel hatte mich schon lange vor den Männern gewarnt: «Du darfst dich nicht gleich auf den Erstbesten einlassen. Bienchen, gerade du musst aufpassen. Du bist ein Schokoladenkind und zu schade dafür, einfach vernascht zu werden. Viele Männer sind Jäger, und noch mehr sind Sammler. Und du wärst ihre Trophäe. Sei bloß vorsichtig.» Das hatte gesessen. Ich hatte zeitweise richtig Angst vor diesen Monstern.

So ging ich mit Carmen und Bianca gern aus, blieb aber stets wachsam. Unser Ziel war meist das Operncafé Unter den Linden, natürlich ganz in der Nähe des Alex. Die Disco dort war sehr beliebt, und es war nicht leicht, eingelassen zu

werden, wenn man niemanden kannte. Zu den Stammgäs-
ten zu gehören, die eine Spur bunter waren als die her-
kömmlicher Discos, galt als Privileg. Ich glaube, der Türste-
her mochte uns, weil wir gut in sein Panoptikum passten,
jedenfalls hatten wir bei ihm Glück.

Die Nächte im Operncafé waren immer ausgelassen ge-
feierte Partys. Der in ein anzügliches Rot getauchte Saal bot
mit seiner Auslegeware und den kleinen Vierertischchen
eine unverschämt plüschige Harmonie. So wurde Behag-
lichkeit für mehrere hundert coole Gäste geschaffen, und
jeder fühlte sich wohl, ob er es zugab oder nicht. Das Ge-
heimnis des Operncafés war seine Einmaligkeit.

Üblich war es, als Original zu kommen, an der Garderobe seine Natürlichkeit abzugeben und den Saal als Fäl-
schung zu betreten. Dann ging ein Zucken durch die Körper, auch durch jene, die eben noch müde waren und zum
Ausgehen überredet werden mussten. Einige Männer standen in einer Spreizhaltung, die sie offensichtlich nicht unter Kontrolle bringen konnten, sie mussten so steif stehen,
weil ihre proteingehärteten Körper nur wenige Bewegungen zuließen – schon sich zur Bar zu drehen, fiel ihnen
schwer. Daneben die Schmalbrüstigen, die ihre Phantasie
fütterten und den Betrieb im Auge behielten, ohne darauf
Einfluss zu nehmen, denn dafür war es viel zu früh. Carmen, Bianca und ich begriffen nicht sofort, dass es nicht
cool war, von Anfang an präsent zu sein – und noch weniger cool war es, als Erste zu tanzen. Als Dame kam man zu
spät wie ein Überraschungsbonbon und lief dann erst mal
Schau. Wir aber waren so uncool wie unaufgeklärt.

Erst wenn das Gedränge in den Gängen zu groß wurde,
fingen die anderen Gäste an zu tanzen. Da hatten Carmen,

Bianca und ich uns meist schon völlig verausgabt. Wir zogen uns dann für eine längere Verschnaufpause zurück und gingen unserer zweiten Lieblingsbeschäftigung nach: Menschen beim Tanzen beobachten.

Carmen meinte, dass man daran eine Menge erkennen könne, und wir glaubten ihr, schließlich war sie der Profi unter uns. Sie war Solistin im Tanzensemble des VEB Elektrokohle, hatte ein Gefühl für ihren Körper und also auch für die anderer. Ich war von ihren Ballettgeschichten so begeistert, dass ich schon bald mit ihr zum Training ging. So konnte ich wenig später die unerhörten Klischees, die Carmen verkündete, bestätigen.

Wir erklärten Bianca: Großbusige Mädchen tanzen selten und wirken manchmal so ängstlich, dass ihre seichten Bewegungen nicht zu den wummernden Bässen passen – aber sie haben das Interesse sowieso auf ihrer Seite. Ansonsten schütteln weibliche Teenager, was sie erst seit kurzem haben, und bringen ihre männlichen Altersgenossen so sehr in Verlegenheit, dass die sich ins Faxenmachen retten – das ist dann «Kinderschubs». Lebhafte Frauen werden kaum beachtet, denn sie schüchtern ein und machen dem starken Geschlecht Angst. Auch wenn sie gut sichtbar am Rand tanzen und mit ihren Popos kreisende Bewegungen vollführen, die alles verheißen können – es nutzt nichts. Gockelnde Männer dagegen werden bewundert. Sie deuten ihre Bewegungen nur an, führen sie nie richtig aus – und bringen damit ihre Partnerinnen auf die Palme. Und dann sind da noch die Playbacker, die dauernd die Texte mitsingen; die Salzsäulen, die sich ständig beobachtet fühlen; die Enthemmten, die unerschrocken ihre Fruchtbarkeitstänze vollführen; die Albernen, die sich durch den Abend kichern; die Schönen, die mit ihrer Zurückhaltung kokettieren; die Zarten, die von ihrer niedlichen Wirkung nicht überrascht sind; die kleinen Männer, die am besten tanzen; und die Dicken, die das ausgeprägteste Rhythmusgefühl haben.

Bianca fragte, was denn mit den Intellektuellen sei. «Die tanzen immer Scheiße», sagte Carmen. Das liege daran, dass sie nur ein Verhältnis zu ihrem Kopf hätten, aber nicht zu ihrem Körper. Ich nickte, weil es stimmte. So beobachteten wir.

Manchmal gingen mir dabei die merkwürdigsten Dinge durch den Kopf. Ich dachte: Konnte ein Lied so klingen, als würde ein Pferd rückwärts laufen? Tanzt der so, wie er im Bett ist? Warum ist die mit dem zusammen? Warum interessieren mich immer die Dinge, die mich nichts angehen? Könnten das vor ein paar Jahrzehnten alles Nazis gewesen sein? Und was hätten sie dann mit mir gemacht? Kann ich sie mir genauso gut alle als Juden vorstellen? Oder als Kommunisten? Würde es was bringen? Werde ich jemals anfangen zu rauchen? Warum schmeckt mir Alkohol nicht? Und: Wie lange muss ich ihn noch trinken, bis er mir endlich schmeckt?

Kann ich die Dinge nicht einfach so nehmen, wie sie sind?

Einmal winkte mich im Operncafé eine gar nicht mal so hübsche Blondine zu sich, sie wollte mir wohl etwas sagen. Die Musik war sehr laut, deshalb beugte ich mich zu ihr herunter, da leckte sie mein Ohr ab. Als sie fertig war, richtete ich mich wieder auf und ging an unseren Tisch.

«Was ist denn mit dir los?», fragte Bianca.

«Ich bin's nicht», antwortete ich steif.

Dann versuchte es Carmen: «Abini, was ist los?»

«Ich bin's nicht. Ich bin nicht lesbisch.»

«Du bist geschockt, weil du nicht lesbisch bist?»

Carmen hatte Recht, es gab keinen Grund, sich aufzuregen. Sie meinte, ich solle mich wieder fassen: «Am besten lässt sich die Sache verdauen, wenn du jetzt mit einem Typen tanzt.» Also gut. Ich ging auf einen blonden Softie zu, den wir Zitteraal nannten, weil er so tanzte, als habe er gerade in eine Steckdose gefasst. Nach ein paar Liedern fühlte ich mich schon viel besser.

Das Tanzen war für mich wie eine Droge, nirgendwo sonst konnte ich Frust und Freude, Enttäuschung und Erfolg, Tiefen und Höhen so gut ausleben. Die Bässe pumpten mein Blut in die Adern, die Drums wurden mein Puls, und ich inhalierte die Melodie. Nach den ersten Takten vergaß ich bereits das Drumherum, die Schwerkraft galt nicht mehr für mich, ich verlor mich in der Musik und fand mich gleichzeitig in ihr wieder. Ein bisschen kam es natürlich auf die Lieder an, obwohl ich eigentlich nicht anspruchsvoll war, denn vieles zwischen Temptations, Madness und Donna Summer konnte mich weit forttragen. Nur etwas wie Rod Stewart holte mich schnell auf den Boden zurück. Die langsame Runde, die allgemein beliebt war, mochte ich gar nicht, weil ich da nicht tanzen konnte. Da wurde nur gekuschelt, und das fand ich langweilig.

Doch der Typ, der mich mit Zitteraal tanzen sah und nun aufforderte, hatte davon keine Ahnung. Er kam schon mit so einer paarungswilligen Miene zu mir und setzte seinen Flirt-Blick auf. Dabei richteten sich seine Wimpern unter den hochgezogenen Augenbrauen in die Höhe, er zwinkerte, sein Lid zuckte und zuckte.

Ich fragte ihn: «Hast du was im Auge?»

«Ja, dich», antwortete mein Gegenüber und zog mich so angriffslustig an sich, dass mir die Luft wegblieb.

Über ihm schwebte Mamel und hielt abwechselnd die Schilder «Jäger!» und «Sammler!» vor seine Stirn.

Es war nicht einfach, mich von ihm und seinem starken Selbstbewusstsein zu befreien. Nach dem dritten Titel gelang es mir endlich. Ich nahm seine Hände, die sich immer wieder an meinem Po festkrallen wollten, schüttelte sie zum Abschied und sagte: «Es war nett, dich kennen gelernt zu haben.» Mamel schaute mich fragend an, und ich ergänzte: «Vor allem, wenn man bedenkt, was wir alles würden anstellen können, wenn du dürftest und ich wollte.» Er schaute ernüchtert, seine Wimpern hingen jetzt schlaff nach unten, und Mamel schwebte voller Genugtuung davon.

Es gab noch ein paar Begegnungen mit Mamel in der Disco. Egal, ob im Operncafé, in der Feuerwache, Schillerglocke oder im Friedrichsfelder Eck, Mamel schwebte öfter ein. Doch im Bärenschaufenster, einer dieser Mehrzweckgaststätten, die abends als Discos dienten, war sie so wahrhaftig, dass ich es nicht fassen konnte. Die «Nachtboutique» war gerade in vollem Gange, da rief Mamel beim Koch an und bat ihn, «dem Schallplattenunterhalter etwas auszurichten». Kurz darauf unterbrach der Discjockey die Musik und las von einem kleinen Zettel ab: «Abini Hoferichter und Anne Schiefer möchten bitte umgehend nach Hause kommen. Ich wiederhole ...»

Meine Freundin Anne und ich stießen gerade auf eine ganz besondere Nacht an, kippten lässig «Grüne Wiesen» in uns hinein, als wir uns fast verschluckten. Wir hatten zehn Jahre lang zusammen die Schule in Lichtenberg besucht, und wir hatten diese Zeit unbeschadet überstanden. Wir hatten Jungs aus unserer Klasse wiedergetroffen, und auch das konnte uns nicht aus der Bahn werfen. Und nun wollte ein Discjockey, dass wir nach Hause gehen? Nein! Ich bat Anne, unbedingt sitzen zu bleiben, denn alles schaute zur Tür. Erst eine Viertelstunde später schlichen wir uns in einem unbeobachteten Moment davon und rannten nach Hause. Es waren grausame fünfzehn Minuten, in denen wir viel durchgespielt haben. Wahrscheinlich war etwas Schlimmes passiert.

Das Schlimmste, was einem passieren konnte, war Annes Stiefmutter. Sie war der lebende Beweis dafür, dass die bösen Stiefmütter aus Grimms Märchen nicht frei erfunden worden waren.

Annes Vater hatte noch einmal geheiratet, nachdem seine erste Frau gestorben war. Sie war noch sehr klein, als sie ihre Mutter verlor – und ihre Kindheit. Der neuen Frau stand ihre Unzufriedenheit ins Gesicht geschrieben, sie empfand offenbar keine Freude am Leben. Aber das schien nur auf den ersten Blick so. Freude empfand sie schon, besonders wenn sie Anne demütigen konnte. Anne musste den ganzen Haushalt führen, sich um ihre vier Brüder kümmern und manchmal auch um den Vater. Dem war nur aufgefallen, dass da eine bildschöne Tochter heranwuchs, etwas anderes merkte er nicht. Die Eltern waren wohlhabend und gesellschaftlich anerkannt. Aber ihren Kindern gegenüber verhielten sie sich asozial. Anne durfte keine neuen Sachen tragen, ihre Stiefmutter schlug sie, ihre Geburtstagsfeiern wurden regelmäßig abgesagt, wenn die

Gäste bereits vor der Türe standen, und immer gab es dafür irgendwelche Argumente – Anne musste diese meist selbst aufsagen, was am schauderhaftesten war.

Ankes Eltern und meine Mamel hätten gern öfter mal für Anne den Zauberstab geschwungen, aber sie hatten keinen. Hätten sie alles gewusst, dann hätten sie bestimmt nicht auf den Zauberstab gewartet. Aber sie wussten nicht alles. Anne schämte sich, mehr zu erzählen. Es reichte ihr, dass man ihr wenigstens einen Wunsch erfüllte: Unsere Türen standen jederzeit offen für sie. Bei Anke und mir fand Anne Unterschlupf, wenn sie von zu Hause abgehauen war. Und je älter Anne wurde, desto öfter haute sie ab.

Wenn sie wieder mal bei mir übernachtete, gingen wir tanzen. Sonst durfte sie ja nicht. Es lag also nahe, dass ihre Stiefmutter bei Mamel ein riesiges Fass aufgemacht hatte, weil sie erfahren hatte, dass wir einfach ausgegangen waren. Es konnte aber auch sein, dass sie sich gerade bei Mamel einschleimte, um etwas herauszubekommen. Egal was es war, es hatte bisher noch keinem gut getan, zu lange mit dieser Frau allein zu sein.

Ich stürmte in die Wohnung: «Um Himmels willen, was ist los?»

Mamel sagte: «Ich habe mir Sorgen um euch gemacht. Man hört so viele Sachen.»

«Du hast *was*? Du hast dir bloß Sorgen gemacht? Du lässt uns ausrufen, weil du dir *Sorgen* machst?»

«Ja, ich hatte Angst um euch. Richtige Angst.»

«Und Annes Mutter?»

«Die interessiert mich nicht.»

«Ja, war sie denn nicht hier?»

«Wo denkst du hin? Ich habe die ganze Zeit Fernsehen

geguckt. Und plötzlich habe ich mir Sorgen um euch gemacht.»

Ich rief: «Mamel, das war peinlich! Oberpeinlich! Du mit deiner wahnsinnigen Übervorsicht. Ich kann es nicht glauben.»

Anne dagegen war richtig gerührt – weil sich jemand um sie sorgte. Sie gab Mamel einen Kuss auf die Wange und drückte sie. Es war seltsam, ich kam mir vor wie ein Zuschauer. Dann schämte ich mich und fühlte mich bloßgestellt, eine schimpfende, hartherzige Tochter, eine, die jene bestraft, die sie lieben. Gleichzeitig hatte ich auch Verständnis für mich: Schließlich war ich auf widerlichen Krawall vorbereitet und nicht auf banges Herzklopfen.

Ich nahm Mamel in den Arm, und wir mussten darüber lachen, wie sie uns den Abend verdorben hatte. Dann verbrachten wir unsere ganz besondere Nacht in unserem Wohnzimmer mit Mamel und der Spezialität des Hauses: Tee. Das reichte, um ein Stück erwachsener zu werden.

Von da an schwebte Mamel noch manches Mal in Angst, wenn ich ausging. Aber sie schwebte nie wieder hinter mir her.

Ich habe Mamels Angst verstanden, sie hatte Angst vor Verlusten. Sie sagte immer, ich sei das Einzige, was von ihrem Leben übrig geblieben sei, alles andere habe sie verloren, als ihr das Leben schon einmal abhanden gekommen war. Damals gab es für sie nichts Schlimmeres, als mit ihrem abhanden gekommenen Leben weiterzuexistieren, sie wollte das alles nicht noch einmal durchmachen. Seit Mamel ihr Leben endlich wiedergefunden hatte, hatte sie vor allem Angst, es erneut zu verlieren. Ich habe Mamel wirklich verstanden, denn ihre Erinnerung ist die Erinnerung an ihre Familie.

Mamels Vater hieß Max. Er hatte schon die halbe Welt bereist, beherrschte fünf Sprachen und übernahm bei der Reichsbahn einen gehobenen Posten, als er ans Heiraten dachte. Doch diese Ehe hielt nur kurz. Erst im zweiten Bund, den er mit seiner Lucie schloss, schien er sein Glück gefunden zu haben. Beide sagten bis zu ihrem letzten Tag, dass es eine Liebesheirat war.

Max und Lucie bezogen eine Wohnung in Berlin-Lichtenberg. Sie bekamen zwei Kinder, 1924 wurde Rudolph geboren und ein Jahr später Ilse, meine Mamel. Dazu gehörte eine richtige Familie mit Großvätern und Großmüttern, Tanten und Onkeln, Brüdern und Schwestern, Nichten und Neffen. Die ganze Mischpoke empfand sich als Segen. Bis zu ihrem Ende.

Mamels Mutter, Lucie, stammte aus einer Familie, deren deutsche Wurzeln achthundert Jahre zurückreichten, aber das interessierte im Dritten Reich nicht. Lucie war Jüdin. Als nach Hitlers Machtübernahme 1933 die Situation in Deutschland immer bedrohlicher wurde, schaute sich Max, der Arier war, im Ausland nach einer Arbeit um. Im November 1936 fuhr er zu einem Freund nach China, der ihn aufnahm, damit Max eine neue Existenz aufbauen konnte. Als er dort eine Stelle als Fremdsprachenlehrer fand, folgten ihm seine Frau, sein dreizehnjähriger Sohn und seine zwölfjährige Tochter. Sie trafen im April 1937 in Tientsin ein. Zwei Jahre bevor der Zweite Weltkrieg ausbrach und ein Jahr bevor die NSDAP die «Kristallnacht» organisierte, fing ihr Leben in China an.

Ilse und Rudolph besuchten in Tientsin eine deutsche

Schule. Dort durften sie zwar als «Gastschüler» am Unterricht teilnehmen, aber keine Prüfungen absolvieren. Sie konnten bei Wettkämpfen mitmachen, erhielten jedoch keine Urkunden. Die Geschwister waren die einzigen Nicht-Arier an der Schule, und das bekamen sie zu spüren. Tausende Kilometer von der Heimat entfernt begann kein Morgen ohne Hitlergruß. Tag für Tag, Woche für Woche, Monat für Monat. Das ging die nächsten fünf Jahre so, bis zur zehnten Klasse. Es war absurd, die beiden fühlten sich herabgewürdigt, aber immerhin: Sie lebten.

Erst später haben sie die Emigration nicht mehr so stark als solche empfunden, denn das neue Land bot auch neue Freunde, neue Hoffnung und eine neue Existenz. Der Vater hatte eine gut bezahlte Stellung, die Mutter gab Deutschunterricht, sie konnten ein Haus mieten und einen Koch beschäftigen, der den Kindern nebenbei Chinesisch beibrachte. Mamel sagt bis heute, dass sie eine glückliche Kindheit hatte, weil sie diese mit ihrem geliebten Bruder und ihren liebevollen Eltern verbringen durfte. Manchmal glaubt sie, dass das Exil die Liebe untereinander sogar verstärkt habe. Jedenfalls hatte sich die Familie in Tientsin eingerichtet, ihr Leben schien sich mit den Jahren zu normalisieren.

Lucies Eltern wollten Berlin anfangs nicht verlassen. Als sie sich 1941 dann doch entschlossen, ihre Heimat aufzugeben, war es zu spät. Da mussten sie sich schon den so genannten Judenstern anheften und durften nur noch zu bestimmten Uhrzeiten einkaufen gehen. Lucies Mutter verstand längst die deutsche Welt nicht mehr, sie war stets rechtschaffen gewesen, hatte sich nie etwas zuschulden kommen lassen, und plötzlich musste sie leben wie eine

Schwerverbrecherin. Sogar Freunde und Bekannte wandten sich ab. Es war eine Eiseskälte, die ihr da entgegenschlug und die sie immer weniger ertragen konnte. 1943 erlitt sie mitten auf der Straße einen Herzschlag und fiel tot um. Ihr Mann, Lucies Vater, hauste noch ein Jahr lang in einer Kellerwohnung. Eine Dame aus dem zweiten Stock des Hauses versorgte ihn heimlich mit Decken, denn alles, bis auf das Bettgestell, war ihm weggenommen worden. An einem Tag im Jahr 1944 wollte die Nachbarin wieder in den Keller gehen, als eine fremde Frau sie in ihre Wohnung zurückdrängte und die Tür schloss. Hinter den Gardinen stehend, sahen die beiden Frauen, wie der alte Mann mit Stiefeltritten auf die Ladefläche eines Lkws gejagt wurde. Die fremde Frau hatte der Nachbarin wahrscheinlich das Leben gerettet, weil sie sie davor bewahrte, beim Helfen erwischt zu werden. Lucies Vater überlebte nicht einmal den Transport. Die anderen Verwandten kamen in Vernichtungslagern um.

Vom Tod seiner jüdischen Schwiegereltern erfuhr Max später aus einem Buch. Es war ein dickes Buch mit klein gedruckter Schrift und eng beschriebenen Zeilen. Es lag in der Jüdischen Gemeinde in Tientsin aus. Jeder, der vom Holocaust betroffen war, konnte dieses Buch einsehen. Max fand die Namen Auguste Goetze und Simon Goetze. Dahinter stand das Todesdatum und eine kleine Bemerkung wie «auf dem Transport verstorben». Schicksale vermittelten sich da auf zwei Zeilen.

Ende 1944 arbeitete Rudolph in Shanghai als Kaufmann, und Mamel besuchte das letzte Semester an der britischen Handelsschule in Tientsin. Max und Lucie waren damals fast fünfundzwanzig Jahre verheiratet. Doch als wäre der kleine Rest, der von der Familie übrig geblieben war, immer noch zu groß, wurde sie nun durch ein neues Unglück endgültig zerstört. Lucie starb inmitten der Vorbereitungen für ihre Silberhochzeit.

Ihr Tod nahm Ilse und Rudolph nicht nur die Mutter, sondern auch den Vater. Jedenfalls den, den sie bis dahin hatten. Max wurde unerträglich, aggressiv und hysterisch, er schrie und tobte oft wie ein Wahnsinniger. Er war nervlich am Ende und entzog sich jeglicher Liebe. Max fing an, das Leben zu hassen.

Und er vergraulte seinen Sohn: Rudolph schloss sich der chinesischen Flak an, «um als Freiwilliger japanische Flugzeuge abzuwehren», wie er seiner Schwester beim Abschied sagte. Er, der keiner Fliege etwas zuleide tun konnte, der in musischen Fächern glänzte, aber nie gut in Sport war, zog in den Krieg, nur um weit weg von seinem Vater zu sein. Und der hielt ihn nicht auf.

Zur selben Zeit bekam Ilse starke Rückenschmerzen. Eine Krankheit schlich sich von Woche zu Woche tiefer in ihre Knochen, doch es dauerte noch anderthalb Jahre, bis sie diagnostiziert wurde: Wirbel-Tuberkulose. Max, der sich gerade mit seinem Sohn überworfen hatte, dachte, seine Tochter simuliere, um ihn zu strafen. Ihre immer schlimmer werdende Krankheit machte ihn nur noch zorniger. Bis er eines Tages, rasend vor Wut, seine Tochter aus dem Haus schmiss. Sie kam in ein Krankenhaus, die Ärzte konnten ihren Tod verhindern, nicht aber die Krankheit heilen.

Max begann indes, sein altes Leben hinter sich zu lassen. 1947 bereitete er schließlich seine Rückkehr nach Deutschland vor.

Nach dem Krieg war die chinesische Wirtschaft so marode, dass Rudolph als Kaufmann weder in Shanghai noch anderswo Arbeit fand. Er ging zu den Quäkern und half beim Aufbau eines Krankenhauses, später arbeitete er in Thailand als Korrespondent einer britischen Zeitung. Er kehrte niemals mehr nach Tientsin zurück. Niemals wieder reichten er und sein Vater sich die Hand. Nur einmal gab es noch eine Nachricht von Rudolph, 1954: Bei einem Tunesien-Aufenthalt hatte er sich umgebracht.

Rudolph hat nie erfahren, dass sein Vater längst ein neues Leben begonnen hatte. Max hatte 1948, ein Jahr nach seiner Rückkehr, wieder geheiratet. Seine dritte Frau, die er Hildchen nannte, war alles andere als weltgewandt oder liebevoll. Auf irgendeine Art Erfüllung konnte er bei ihr nicht hoffen, aber sie bot Sicherheit. Dafür, dass sie ihn versorgte und ihm half, die Vergangenheit auszublenden, ordnete sich Max ihr unter. Max glaubte, nichts mehr vom Leben erwarten zu können, es hatte ihm allen Optimismus geraubt, und er konnte nicht verstehen, warum das Unglück bei ihm so erbarmungslos zuschlug.

Seine Tochter Ilse durchlitt unterdessen ein Martyrium. Sie lag in China noch lange im Gipsbett und wurde nur von Zeit zu Zeit bewegt, damit die Muskeln funktionsfähig blieben. Nach einigen Jahren und vielen reuevollen Briefen ihres Vaters beschloss sie, ihm nach Ostdeutschland zu folgen. Vielleicht wollte er doch nicht vergessen? Während andere Frauen mit fünfundzwanzig Jahren Kinder bekamen und das große Glück planten, hatte Ilse lediglich ein Ziel: die Reise mit dem Schiff zu überstehen, um rechtzeitig zum Geburtstag ihres Vaters in Berlin zu sein und sich mit ihm zu versöhnen. Dafür lernte sie wieder laufen. Außerdem musste sie es schaffen, zumindest den Tag nicht mehr im Gipsbett, sondern im Stahlkorsett zu verbringen.

Kurz vor seinem Geburtstag, im Juli 1950, traf sie in Berlin ein; ihr Vater empfing sie am Bahnhof mit seiner neuen Frau. Es war eine kühle Begrüßung, und bald erklärte sich, warum: Noch auf der Fahrt nach Hause bat Hildchen, Ilse möge eine Verzichtserklärung unterschreiben. Sie zeigte ihr ein Dokument, aus dem hervorging, dass Max den Wunsch habe, seine dritte Frau als alleinige Erbin einzusetzen. An die Verzichtserklärung, die er seine Tochter bereits vor Jahren hatte unterschreiben lassen, konnte er sich nicht erinnern. Er schien tatsächlich alles ausgeblendet zu haben.

Dabei hatte seine Tochter ganz andere Ansprüche, als sie China verließ. Sie wollte ihre Krankheit besiegen und die Selbstaufgabe ihres Vaters. In Berlin angekommen, wusste sie, dass sie schon gewonnen hatte, wenn dessen Resignation nicht auch sie ergriff. Von da an konzentrierte sie sich aufs Gesundwerden, selbst wenn sie keine Hilfe zu erwarten hatte.

Erst viele Jahre später, 1968, als Max im Sterben lag und mit Morphium voll gepumpt war, verlangte es ihn nach einer Versöhnung. In einem seiner wenigen klaren Momente entschuldigte er sich bei seiner Tochter für all das, was er ihr angetan hatte. Während er sprach, fiel er immer wieder ins Englische, Ilse verstand ihn, doch Hildchen regte sich furchtbar auf: «Hier wird Deutsch gesprochen», herrschte sie ihren Mann am Sterbebett an. Aber Max hörte nicht mehr, er hatte nichts mehr zu verlieren. Mit seinem Leben hatte er ja schon vor Jahren abgeschlossen.

Einen Tag nach Max' Aussprache mit seiner Tochter stand Hildchen vor einer Wohnung, vor der sie noch nie zuvor gestanden hatte. Sie klingelte. Ilse öffnete die Tür, und Hildchen hielt ihr einen frischen, selbst gebackenen Kuchen entgegen. Das war ungewöhnlich und machte die Situation verdächtig. Hildchen sagte nur: «Setz Kaffee auf, Ilse. Papa ist eben gestorben.»

Mamel hat sich das Kaffeetrinken nie angewöhnt. Sie ist bis heute beim Tee geblieben. Obwohl seine Zubereitung – von der Auswahl der Blätter bis hin zum richtigen Zeitpunkt des Aufgießens – mehr Umstände macht. Sie gewöhnte sich auch andere Dinge nicht an, zum Beispiel: sich dem Schicksal zu beugen. Zehn Jahre nachdem die Krankheit, die als unheilbar galt, bei ihr ausgebrochen war, brachte sie ihr Leben wieder in eine normale Spur. Sie wollte rundum gesunden.

Mamel wagte einen Neuanfang, in Deutschland, «wo die Menschen eine Zeit lang einem fatalen Irrtum erlegen waren». Sie fing ein neues Leben an, ohne das alte zu verleugnen. Das war mühsam, zumal sie keinen einzigen Verwandten hatte, doch sie fand Freunde, die sie in schweren Zeiten aufnahmen und unterstützten. Menschen, die nicht nur Erfahrungen gemacht hatten, sondern diese auch umzusetzen wussten, wie sie sagte. Sie halfen ihr, wieder auf die Beine zu kommen. Mamel, die nie streng gläubig war, hatte ihre eigene Philosophie. Und damit brachte sie ihre Seele ins Gleichgewicht.

Als es ihr Anfang der sechziger Jahre dann auch körperlich besser ging, arbeitete sie zunächst als Englisch-Chinesisch-Dolmetscherin und später an der Rezeption eines

Hotels. Sie hatte das Interesse an den Menschen nicht verloren – es gehörte zu dem Leben, nach dem sie suchte.

Eines Tages beschloss sie, eine Familie zu gründen. Da stellte sie sich nicht nur ihrem Schicksal, sie forderte es geradezu heraus. Die Ärzte, die ihre Krankheitsgeschichte kannten, rieten ihr dringend von einer Schwangerschaft ab, doch Mamel sah das anders und hatte lieber eine schwierige Entbindung. Sie musste nach meiner Geburt mehrmals operiert werden, ihr Krankenhausaufenthalt zog sich über ein Jahr hin. So lange vertraute Mamel mich ihren engsten Freunden, die später meine Tanten und Onkel wurden, an. Dass sie gesund werden würde, daran hatte Mamel keinen Zweifel. Schließlich hatte sie versprochen, auf mich aufzupassen. An meinem ersten Geburtstag wurde sie aus dem Krankenhaus entlassen.

Mamel, die es grundsätzlich vermied, über den Sinn des Lebens nachzugrübeln, hatte plötzlich eine Antwort. Sie hütete mich hingebungsvoll. Aber so groß ihre Freude über mich war, so groß war ihre Angst um mich. Ihre Liebe und ihre Sorge gingen über jedes normale Maß hinaus. Deshalb rief sie später eben auch in der Disco an.

Mamels größte Leistung war, dass sie mir das Ausgehen dennoch nie verdorben hat. Obwohl es für sie ein Kraftakt war, aus der engen Fessel allmählich eine lange Leine werden zu lassen, respektierte sie mein Leben und ließ mich genießen, was sie nicht genießen konnte. In manchen Momenten, wenn ich Leute beim Tanzen beobachtete, musste ich daran denken, dass Mamel in diesem Alter im Rollstuhl gesessen hatte. Dann fragte ich mich, ob ich immer gesund bleiben würde. Es war schwierig für mich, einzuordnen, was unsere Geschichte, was ihre und was meine Geschichte war. Bisher hatten wir so gut wie alles geteilt. In Wahrheit also war das Durchtrennen der Nabelschnur ein Kraftakt für uns beide.

Das Herumstromern war wohl mein erster Schritt ins eigene Leben. Dabei hätte dieser erste Schritt viel eher meine Lehrzeit in der PGH sein können, aber die bereitete mich eigentlich auf gar nichts vor. An meiner Ausbildung interessierte mich nur noch der Abschluss.

Übung soll den Meister machen, doch ich übte schon viel zu lange viel zu wenig. Es gab kaum aufbauende Erlebnisse, sogar als meine ehemalige Schuldirektorin als Kundin hereinkam und ich sagen konnte: «Ich wollte Ihnen schon immer mal den Kopf waschen.» Frau Zimmermann lachte, beugte sich bereitwillig über das Waschbecken und verdarb mir die Pointe. Ich brachte es nicht einmal übers Herz, ihr als Dank für all meine Schuljahre ein Rechteck auf den Kopf zu zaubern. Sie tat mir plötzlich einfach Leid. Und nett war sie auch. So freudlos vergingen zwei Ausbildungsjahre.

Für mich war klar, dass ich nicht mehr der ersten U-Bahn um 5.13 Uhr hinterherhecheln wollte, um sie doch nur zu verpassen. Ich wollte nicht mehr müde Kollegen treffen, die jeden Morgen Punkt sechs einen auf besonders munter machten. Ich wollte im Pausenraum keinen Kühlschrank voller Nagellackfläschchen mehr öffnen. Ich hasste den abgestandenen Shampoogeruch aus dem Färbelabor und meine Lehrausbilderin, die «mir» und «mich» verwechselte. Ich wollte ihr nicht mehr gefallen müssen und eines Tages werden wie sie. So wie ich nach der Musikschule meine Gitarre nie wieder anrührte, würde ich auch keine Frisierschere mehr in die Hand nehmen.

Kurz vor meinem Abschluss aber überraschte ich mich selbst – und Mamel. Ich hatte bei den Berliner Meisterschaften eher aus Versehen den dritten Platz für eine Abendfrisur belegt. In Mamels Gesicht war freudiges Entsetzen, als ich ihr die Urkunde zeigte. War aus ihrer Tochter doch noch eine Handwerkerin geworden? Hatte sie mir zu wenig zugetraut? Würde ich jetzt Maskenbildnerin werden? Und auch die PGH-Chefin horchte auf. Sie war eine wache Frau, die die Fähigkeit hatte, Leute aufzubauen, und ich hatte große Achtung vor ihr, auch wenn sie mich blind zwei Jahre lang meiner Lehrausbilderin überlassen hatte. Diese Chefin war die Einzige, die mir etwas zutraute, sie lobversetzte mich gegen Ende meiner Lehre in den Salon des Hotels «Stadt Berlin». So arbeitete ich direkt am Alexanderplatz und obendrein in einem Interhotel. Doch weder dies noch die Promikundschaft, noch das Trinkgeld in Valuta konnten etwas an meinem Entschluss ändern: Der letzte Lehrtag sollte auch der letzte Arbeitstag sein.

Längst hatte ich das Gefühl, bei schlechtem Wetter einen Regenschirm verliehen und ihn bei Sonnenschein zurückbekommen zu haben. Es war zu spät. Ich würde keine Abendfrisuren mehr machen und auch keine Maskenbildnerin mehr werden. Carmen und ich waren bereits in einigen Tanz-Trainingslagern gewesen und wurden sogar zu den Arbeiterfestspielen eingeladen. Für mich stand fest, dass ich nun Tänzerin werden wollte.

Ich lud Mamel auf den Fernsehturm ein, um ihr meine Entscheidung mitzuteilen. Es war schon Abend, als wir im Telecafé über dem Alexanderplatz saßen, und ich wunderte mich, dass Berlin in der Dunkelheit so überschaubar wirkte und dass Mamel so gelassen war.

Mamel vertraute mir immer noch, aber sie sagte: «Du hast das Problem, dass du erfolgreich bist.»

Ich erwiderte: «Es ist anders. Das Problem ist, dass ich noch auf der Suche nach mir bin.»

«Auf der Suche. Auf der Suche. Ich kann dir sagen, wer du bist. Du bist meine Tochter. Und ich erwarte von dir einen Lehrabschluss.»

«Mehr nicht?»

«Doch, eines noch. Dass du nicht unter die Räder kommst.»

«Das wünsche ich mir auch. Aber darf ich es erwarten?»

«Ich weiß nicht, was du erwarten darfst. Es kommt ja doch immer alles anders.» Und nach einer kleinen Pause fragte sie: «Oder hättest du vielleicht erwartet, dass der Alex abends so leer ist?»

Ich schaute sie verdutzt an. «Nein, Mamel. Glaub mir, nicht in meinen kühnsten Kinderträumen.»

3
Vom Turnhallenmuff
in die Glitzerwelt

Vieles, was ich machen möchte, ist identisch mit dem, was ich nicht kann. Und so scheint es, als käme ich über das Ausprobieren nicht hinaus.

Mein Verstand sagt, das sei normal, es gehe vielen Menschen so. Es sei eben schon Glück, wenn man ein Ziel habe und die Hoffnung nicht verliere.

Mein Gefühl meint, es sei kein Drama, festzustellen, dass man sich geirrt hat, und Hoffnungen platzen zu lassen. Glück bedeute auch, zu wissen, was man nicht will. Selig seien die, die aufhören können und nicht einfach weitermachen.

Wir tranken Sekt, Gin Tonic und reichlich. Endlich hatten Carmen, Bianca und ich die Abschlussprüfungen hinter uns, und endlich konnten wir auf den Beginn unseres neuen Lebens anstoßen. Von nun an sollte alles anders werden. Besser natürlich. Wir feierten im Operncafé und tranken so viel, dass wir es nach einiger Zeit wagten, fremden Leuten die Passbilder unserer Personalausweise zu zeigen, die Fotos machten die Runde. Am nächsten Tag wollte Bianca ihre neue Freiheit in Moskau weiterfeiern, sie hatte sich eine der begehrten Jugendtourist-Reisen beschafft.

Frühmorgens auf dem Flughafen musste Bianca durch die Passkontrolle. Leider sah ich ihr überhaupt nicht ähnlich. Wir hatten am Abend zuvor nicht nur reichlich getrunken und unsere Fotos gezeigt, wir hatten schließlich auch die falschen Personalausweise eingesteckt. Sie hatte keine Chance mehr, noch an diesem Tag abzureisen. Immerhin konnte sie sich kurzfristig ein anderes Interflug-Ticket organisieren und landete nur sechsundzwanzig Stunden später in Moskau.

In der Wartehalle des Flughafens wollte ein Glücksgefühl sie überkommen, doch plötzlich fiel ihr auf, dass sie keine Ahnung hatte, in welchem Hotel ihre Gruppe wohnte. Bianca dachte scharf nach, ließ es wieder bleiben und stieg in die Metro. Erst mal wollte sie zum Roten Platz, auf den hatte sie sich besonders gefreut.

Zwischen Zwiebeltürmchen, St.-Nikolaus-Turm und Kremlmauer ließ sie sich auf ihren Koffern nieder, genoss das Panorama und vergaß ihre aussichtslose Lage. Nach etwa zwei Stunden kam zufällig ihr Reiseleiter vorbei. Er wollte gerade die Jugendtouristen zum Mausoleum führen, als er Bianca dort sitzen sah. Es war, als begegneten sich Fassungslosigkeit und Erleichterung.

Als sie wieder zu Hause war, sagte sie: «Glück ist, wenn man weniger Pech hat als sonst.» Damit meinte sie: Wo das Glück zu kurz kommt, scheint das Pech normal zu sein, deshalb wird das Glück wieder zur Überraschung, und dann kann man es besser empfinden. Und weil man sich immer gern mit Schicksalen tröstet, die noch schlimmer sind als das eigene, fasste Bianca zusammen: «Ich habe nur Pech, andere haben sogar Unglück.»

Bianca hatte nicht nur kein Unglück, sie hatte auch ein Ziel, eine Lebensphilosophie und bald eine Wohnung in Aussicht. Worüber sollte sie sich beklagen? War das nicht schon Glück? Sie meinte, dass sich darauf doch wohl eine Zukunft bauen lasse. Sie würde zunächst in einem Frisiersalon weiterarbeiten, sich dann um eine Ausbildung als Maskenbildnerin bemühen und solange aus der Gegenwart das Beste machen. Die neue Freiheit wollte sie ruhig angehen.

Bianca war seriöser als Carmen und ich zusammen. Sie dachte daran, das Jetzt zu genießen. Das war schon so erwachsen – und wahrscheinlich nicht verkehrt. Aber richtig war es auch nicht. Das Beste aus der Gegenwart zu machen reichte Carmen und mir nicht. Wir waren zu jung, um uns an kleinen Freuden des Alltags erheben zu können. Wir waren noch nicht dankbar genug dafür, dass etwas klappte, dazu gab es noch zu viele Selbstverständlichkeiten in unserem Leben. Wir suchten noch die Reibung und Provokation und sahen unserer Zukunft eher ungeduldig und mit unverschämten Wünschen entgegen. Wir bewunderten Bianca zwar dafür, wie gelassen sie die Dinge nahm. Doch wir waren zu ambitioniert, um in der Ruhe die Kraft zu finden.

Versehentlich hatten wir damit sogar Recht. Im Grunde war es genau diese Unruhe, die Carmen und mir Energie gab. Wir verausgabten uns, weil wir glaubten, dass unsere größte Gegnerin die Zeit war. Wir konnten sie nicht sehen und nicht anfassen, was wahrscheinlich daran lag, dass sie so knapp war, aber wir spürten ihren Druck. So stark, dass wir das Gefühl hatten, wir müssten sie bekämpfen. Als wüssten wir es nicht besser, hatten wir dauernd Angst davor, dass sie uns verloren gehen könnte, oder schlimmer: dass wir sie uns nur vertrieben. Also steuerten wir direkt das große Glück an. Zufrieden zu sein schien uns so beängstigend, als käme es einer Kapitulation gleich. Unsere Ungeduld und Neugier war so groß, dass wir nicht einmal Mut brauchten, das gegenwärtige Leben hinter uns zu lassen. Da waren Carmen und ich, ohne es zu wissen, in einer einmaligen Situation, in einem Zustand, den wir nie wieder erfahren würden: Wir hatten nichts zu verlieren. Das Abenteuer konnte beginnen.

Das Abenteuer begann. In einer muffigen Turnhalle in einem Hinterhof in Prenzlauer Berg. Sie war dunkel und trostlos, es roch nach abgehetzten Schülern und feuchtem Keller. Es war die Halle der Schule, an der Carmens Eltern als Hausmeister arbeiteten. Nach Unterrichtsschluss ließen sie uns dort trainieren. Das war eine liebenswerte Unterstützung, und so gehörte uns nachmittags der ganze Muff allein. Wir hatten die besten Trainingsbedingungen, die wir uns wünschen konnten.

Carmen quälte mich, ich quälte sie, und wir quälten uns. Wir studierten Choreographien ein, nach Musik, die wir montags im RIAS bei «Schlager der Woche» und dienstags im SFB bei «Hey Music» aufnahmen. Lord Knut und Jürgen Jürgens – die Moderatoren liebten wir, aber sie redeten gern unvermittelt in die Titel rein, weshalb unsere Aufnahmen alle ziemlich abrupt und mit einem deutlich hörbaren Klicken der Stop-Taste endeten. Sanfte Übergänge zu den nächsten Liedern gab es nie. Was uns nicht weiter störte, denn es erschien uns immer noch besser, als

Amiga-Platten zu kaufen. Die Ostmusik hat uns einfach nicht interessiert. Sie war viel zu textlastig, tanzen konnten wir kaum dazu. Musikalisch war sie oft anspruchsvoll arrangiert, aber das war gerade so ostig an der Ostmusik. Also tanzten wir lieber nach Queen, Imagination oder Madness, auch wenn sie aus einem alten Stern-Recorder leierten.

Dabei hielten wir mit Stift und Zettel unsere Schritte fest und mit Koffein und Traubenzucker unseren Kreislauf in Gang. Wir munterten uns auf, wir zweifelten an uns, die Amplituden gingen hoch und runter, und abends waren wir erschöpft. Es war eine enorme Anstrengung, etwas zu tun, das niemand von uns verlangte. Größer war nur noch die Furcht, eines Morgens wieder der ersten U-Bahn um 5.13 Uhr hinterher hetzen zu müssen.

Bianca fand nach der Lehre einen Job in einem kleinen privat geführten Salon. Ihre Chefin ermöglichte ihr flexible Arbeitszeiten, und so konnte Bianca auch tagsüber Maskenbildner-Kurse besuchen. Das war nicht nur eine gute Gelegenheit für sie, schon mal das Beste aus ihrer Gegenwart zu machen, es brachte auch Carmen und mich auf eine Idee. Schließlich waren wir noch weit davon entfernt, die staatlich anerkannte Zulassung als Tänzerinnen zu erhalten, und ohne die durften wir nirgendwo auftreten. Deshalb mussten wir täglich trainieren und hätten gar nicht regelmäßig arbeiten gehen können. Ohne eine Anstellung aber waren wir nicht sozialversichert. Ohne Sozialversicherung waren wir asozial. Als Asoziale bekamen wir höchstens Ärger, aber keine Zulassung.

Weil unser neuer Weg wenigstens ein Stück geradeaus führen sollte und wir uns nicht nur im Kreis drehen wollten, vereinbarten wir also eines Tages mit Biancas Chefin, die nicht viele Fragen stellte, dass sie uns als Teilzeitkräfte engagierte. Seitdem arbeiteten wir jeden Freitag für vier Stunden in einem Salon fernab vom Alexanderplatz. Hier wurde Kreativität von der Meisterin zwar nicht verboten, aber von der Kundschaft auch nicht verlangt. Wir hörten auf «Waschen», «Legen», «Gesichtsreinigung» oder «Fußpflege». Das war uns Antrieb genug, weiter an unseren Choreographien zu feilen. Auch wir stellten nicht viele Fragen.

Immerhin hatten wir eine Sozialversicherung – es gab nichts, was uns von unserem Vorhaben abbringen konnte. Ein paar Monate später nahm unser Programm endlich Gestalt an, und wir meinten, dass es nun an der Zeit sei, es jemandem vorzutanzen. Wir luden einen Mitarbeiter des Staatlichen Kulturfonds ein, und nach dem dritten Anlauf kam er tatsächlich vorbei. Da standen wir nun vor einem Mann, dessen dunkler, perfekt sitzender Anzug der Sache eine unerwartet offizielle Note verlieh. Seine Erscheinung passte so gar nicht zur muffigen Turnhalle und unserem leiernden Kassettenrecorder. Vielleicht verwies er deshalb gleich zu Beginn auf seine knappe Zeit.

Die Situation war uns unglaublich peinlich, weil wir uns plötzlich so anmaßend fühlten. Aber nun gab es kein Zurück mehr, und wir tanzten quer durch die Halle. Dabei beschlich uns ein Gefühl, als würden wir uns prostituieren. Am Ende lächelte der Herr uns milde an und meinte, wir bräuchten nicht mehr anzurufen, er werde sich melden.

Die bestürzendste Situation, die wir uns ausmalen konnten, war eingetreten. Der Herr verabschiedete sich höflich und ließ uns völlig niedergeschlagen stehen. Es war beeindruckend, wie schnell unsere Zukunft zusammenbrechen konnte, und wie einfach sich Glaube, Hoffnung und Ernsthaftigkeit in Luft auflösten. Wir waren tief betrübt, und uns überkam das Gefühl, nun der Wirklichkeit ganz nahe zu sein. Unser Unternehmen Zukunft hatte sich von einem Augenblick zum anderen auf eine närrische Eskapade reduziert.

Carmen und ich trainierten von da an keinen Tag mehr. Als die Lähmung schon zwei Wochen anhielt, als die Bauchschmerzen nicht vergingen, als wir uns wünschten, nie so eine übergeschnappte Idee gehabt zu haben, bekamen wir eine Nachricht vom Kulturfonds. Es wurde uns ein Choreograph vermittelt, ein hochprofessioneller gar, der sich einen Namen beim Fernsehballett gemacht hatte. Uns wurde übel. Das Selbstbewusstsein hatten wir längst verloren, und wir hatten bloß noch eine Sorge: als Blender durchschaut zu werden. Es ging uns furchtbar mies.

Den Choreographen sahen wir nur ein einziges Mal, beim Vorgespräch. Dann trauten wir uns nicht mehr hin. Wir dachten, das alles sei eine Nummer zu groß für uns. Jetzt hatten wir viel Zeit, weil wir nicht mehr trainierten, aber kein Geld, weil wir nur freitags arbeiteten – an den anderen Tagen wollten wir schließlich trainieren. Unsere Zukunft begann mit einer chronischen Pleite und ganz viel Beschaulichkeit. Wir verordneten uns Gelassenheit. Carmen fuhr mit ihren Eltern in den Urlaub.

Seit ich zehn war, hatte ich eine Freundin, die in Ilmenau wohnte, im Nachbarhaus von Mamels Freundin Inge. Wenn Mamel Inge besuchte, traf ich Bettina. Und wenn wir uns nicht sahen, schrieben wir uns seitenlange Briefe. Dabei dekorierte Bettina ihre mit den schönsten West-Aufklebern und -Stickern, die sie hatte, was ich als echten Freundschaftsbeweis empfand.

Bettina war ein Jahr älter als ich und mindestens vier Jahre aufgeklärter. Sie hatte eine zierliche Figur, hellblonde Haare und ein gewinnendes Lachen. Ein richtig schönes Mädchen mit einem richtig thüringischen Dialekt. Ich hatte niemals vorher einen Menschen kennen gelernt, der so wenig zu seiner Mundart passte.

Als ich mich in der Drittklassigkeit gerade einrichten und es mir zwischen den neu gewonnenen Komplexen bequem machen wollte, besuchte mich Bettina in Berlin. Sie hatte ihre Ausbildung als Krankenschwester beendet, wollte nicht mehr zu Hause wohnen, war jetzt achtzehn und auf der Suche nach einem Krankenhaus außerhalb von Ilmenau.

Ich erzählte Bettina, dass ich jetzt unbedingt gelassener werden müsse. Aus einer Laune heraus beschlossen wir, uns gemeinsam in Prag aufzulockern und die ungewisse Zukunft ein wenig hinauszuschieben. Wir kauften uns Fahrkarten für den nächsten Tag, was wesentlich unkomplizierter war, als Mamel von unserem Vorhaben zu überzeugen. Mamel zögerte, bevor sie zustimmte, und war besorgt um uns. Mit unumwundener Skepsis entließ sie uns auf die Reise. Wir fanden sie ein bisschen ängstlich. Es war doch nur Prag. Und es war doch schon 1984.

Da ahnten wir noch nicht, dass wir drei Tage später in Polizeigewahrsam genommen würden.

Bettina und ich verbrachten in Prag zunächst einen hellwachen Abend, an dem wir eine westdeutsche Schulklasse kennen lernten. Der Lehrer schlug uns vor, in ihrem Reisebus zu übernachten, denn wir hatten keine Unterkunft, nur die Adresse einer Jugendherberge. Das war ein außerordentlich hilfreiches Angebot. Der Bus stand vor dem Hotel, in dem die Klasse wohnte und das Bettina und ich uns niemals hätten leisten können.

Ein paar von den Schülern brachten uns Decken aus ihren Zimmern, während der Lehrer die Damen und Herren an der Rezeption mit einer Palette Coca-Cola bestach, damit sie unseren Aufenthalt nicht verrieten. Das ging zwei Nächte lang gut. Tagsüber nahmen wir dann im Bus an der Bildungsreise der Klasse teil und lernten Prag kennen. In der dritten Nacht aber wechselte das Rezeptionsteam, und ehe wir's uns versahen, waren tschechische Polizisten vor Ort, die in scharfem Ton unsere Ausweise verlangten.

Bettina und ich wurden festgenommen, auf ein Revier gebracht und mit Trinkern, Schlägern und Prostituierten in eine große Zelle gesteckt. Es war eher ein Riesenkäfig, der, so schätzten wir, Platz für etwa dreißig Menschen hatte. Die Nacht war noch lang, es waren erst zwölf Gäste hier, uns eingerechnet. Bis zum frühen Morgen fanden wir zwar nicht heraus, weshalb wir festgenommen worden waren, aber immerhin, dass ohne weiteres zweiundfünfzig Menschen in den Käfig passten.

Es wurde uns ein Dolmetscher versprochen, man sagte uns, dass wir die Ausweise zurückbekommen würden, sogar ein Telefonat nach Hause sicherte man uns zu. Das Einzige jedoch, worauf wir uns verlassen konnten, war, dass der nächste Morgen anbrach.

Am Vormittag wurden wir einem Beamten vorgeführt, der uns aufforderte, mit Schreibmaschine geschriebene Texte zu unterzeichnen, und andeutete, dass wir danach gehen könnten. Möglicherweise standen auf diesen Blättern die Gründe unserer Festnahme, möglicherweise nicht. Leider beherrschten wir kein Tschechisch. Es war immer noch kein Dolmetscher vor Ort, und der Beamte aus der neuen Schicht gab sich unwissend. Wie man das macht, hatten wir inzwischen gelernt, das blieb aber auch alles, was wir in Erfahrung bringen konnten. Also unterschrieben wir gar nichts und wurden wieder eingesperrt.

Gegen Mittag überreichte uns ein anderer Beamter plötzlich die Ausweise und ließ uns frei. Vor der Polizeistation erwartete uns der Lehrer. Er umarmte uns, und wir mussten ihm nur eines versprechen: nicht zu fragen, wie er uns rausgeholt hatte. Dann stiegen wir in den Bus und gingen mit den anderen essen. Die Klasse zeigte große Anteilnahme. Und ich fragte mich, was wohl das richtige Leben und was der falsche Film war. Der Zuspruch der Schüler aus dem Westen war wie eine Antwort, die ich nicht wahrhaben wollte. Und ich gestattete mir lediglich leise Zweifel an dem System, in dem ich lebte – in der Hoffnung, sie daheim wieder zerstreuen zu können. Schließlich hatte ich gelernt, dass eigentlich nur unser System funktionierte, vor allem aber hatte ich gelernt, das selbst dann zu glauben, wenn ich sah, dass es nicht stimmte. Falls mir überhaupt etwas klar wurde, dann dies: offenbar hatte ich nicht funktioniert.

Ich hatte keine Lust mehr auf Prag und irgendwie das Gefühl, dass das mit der Gelassenheit nicht klappen wollte. Abends fuhren Bettina und ich nach Hause und suchten nach Begründungen: Wie sollten wir erklären, weshalb man uns in Polizeigewahrsam genommen hatte, wenn wir es selbst nicht verstanden? Wahrscheinlich genügte es, dass Ostler im Westbus schliefen. Wahrscheinlich war es auch strafbar, dass wir uns angefreundet und Adressen ausgetauscht hatten. Wahrscheinlich schmeckte nicht allen Beamten Cola.

Mamel, die kleine Dinge aus der Fassung brachten, konnte mit solchen Nachrichten souverän umgehen.

«Ich bin froh, dass du wieder da bist.»

«Ich auch. Ich fahr da nie wieder hin.»

«Gut, dass du nichts unterschrieben hast.»

«Das war Glück. Wir waren ja erst einen halben Tag da, und dann hat uns der Lehrer rausgeholt. Ich weiß nicht, was ich sonst gemacht hätte.»

«Das weiß man wirklich nicht. Aber jetzt bist du da.»

Carmen wartete auf mich und wollte alles ganz genau wissen. Sie hatte ihren Urlaub abgebrochen, weil sie feststellen musste, dass sie die Probleme nur dorthin mitgeschleppt hatte und weder vergessen noch lösen konnte. Wir trafen uns zum Plaudern – in Wirklichkeit hielten wir eine Krisensitzung ab. Es kam uns wieder so vor, als liefe uns die knappe Zeit davon. Aber vielleicht mussten wir jetzt einfach langsam gehen, um schnell voranzukommen?

Vom Operncafé kannten Carmen und ich ein paar Leute aus der Modebranche, die uns anboten, in ihren Schauen mitzulaufen. Also ließen wir uns aufs Ausprobieren ein und gingen mit einer Berliner Modetruppe auf Reisen, von Ahrenshoop bis nach Suhl. Allmählich machten die Modenschauen sogar Spaß, obwohl sie eigentlich grotesk waren.

Die Kollektionen führten wir in Jugendclubs oder auf Brigadefeiern, bei Textilhandelsmessen oder auf FDJ-Werkstattwochen vor. Dabei hielt sich das Musikprogramm unserer Schauen nie an die offizielle 60:40-Regel, es wurden viel mehr Nummern aus den West-Charts gespielt. Niemand schien sich daran zu stören, das Publikum sowieso nicht. Ich empfand die Menschen, die uns zusahen, als außergewöhnlich offen, und dafür, dass sie nach den Schauen kein einziges der Kleidungsstücke kaufen konnten, reagierten sie auf die Vorführung mit unverhältnismäßig großem Interesse. Das Ganze diente wohl eher dazu, auf Bedürfnisse einzugehen, die es in der Bevölkerung nun einmal gab. Die Menschen sollten wissen: DDR und Mode, das schließt sich nicht prinzipiell aus. Mehr war nicht wichtig.

Eigentlich präsentierten wir keine Modelle für Verbraucher, sondern Anregungen für Nähbegabte, die in der glücklichen Lage waren, sich irgendwoher verwertbare Stoffe und Schnittmuster zu beschaffen. Es schien jedoch, als störe sich niemand daran, vielleicht weil niemand es anders kannte. So wurden wir vor und hinter den Kulissen, trotz der Absurditäten unseres Jobs, stets gut behandelt. Wir bekamen Applaus, wir verdienten gutes Geld. Und Carmen und ich strahlten, denn wir waren glücklich, doch noch der Welt mit den geregelten Arbeitszeiten, den immer gleichen Kollegen und dem vorhersehbaren Fortgang entkommen zu sein.

Von dem Geld, das wir verdienten, gönnten Carmen und ich uns nach zwei Monaten eine Reise. Irgendwohin, nur nicht nach Prag. Wir entschieden uns für Budapest. Jeder durfte dreihundert Mark umtauschen, mehr stand uns für zehn Tage nicht zu. Wie alle DDR-Touristen, die weder West- noch Schwarzgeld bei sich hatten, waren wir nach zwei Tagen abgebrannt, weil wir uns gleich mit Platten und Kleidung versorgt hatten. Glücklicherweise hatten wir auch an Lebensmittel gedacht.

In Budapest war kalter Winter. Wir wohnten bei einer älteren Dame, die uns in ihrer Wohnung das größte Zimmer überließ, ein Riesenzimmer. Dieser Raum wurde einfach nicht warm, aber er war eine Verlockung. Er verführte nachgerade dazu, in ihm ein paar Schrittfolgen auszuprobieren. Zuerst nahmen wir ganz zaghaft Maß. Doch als wir kein Geld mehr hatten und uns nicht entschließen konnten, bei zwanzig Grad minus durch die Stadt zu laufen, waren wir plötzlich wie besessen. Unser Zimmer war die ganze Reise wert. Wir räumten alles, was herumstand auf unsere Betten, schoben Sessel, Lampen und Tische beiseite und nahmen Position ein. Das Knarren der Dielen konnte uns nicht abhalten, wir tanzten fern der Heimat unsere Minderwertigkeitskomplexe in Grund und Boden. Ab und zu klopfte die ältere Dame an die Tür, weil sie sich über das Poltern wunderte. Sie fürchtete, es sei uns etwas zugestoßen. Dann öffneten wir völlig verschwitzt und abgehetzt und immer sehr freundlich. Wir wollten uns nicht anmerken lassen, dass sie uns gerade wieder aus der Konzentration gerissen hatte. Sie dachte sowieso etwas ganz anderes.

Auf dem Balkon lagerten unsere Lebensmittel für die kommende Woche. Sie waren gefroren. Auch unsere Milch hatte sich in einen Eisblock verwandelt. Wir leckten an ihr, wenn wir erhitzt waren, oder hielten uns die kühle Verpackung in den Nacken. Zum Trinken hatten wir ja noch das Leitungswasser. Am Schluss der Reise hätten wir eigentlich völlig ausgehungert sein müssen, aber wir waren einfach nur glücklich. Unser Programm war fertig.

Zurück in Berlin, meldeten wir uns gleich beim Rat des Stadtbezirks Mitte zum Vortanzen an. Dort musste sich jeder von der Kulturabteilung prüfen lassen, der öffentlich auftreten wollte. Egal ob Tänzer, Moderatoren oder Schallplattenunterhalter – alle mussten ihre Fähigkeiten in Zulassungsprüfungen unter Beweis stellen. Die Abteilung Kultur war eine Institution, die über Zukünfte entschied.

Wir bekamen also einen Termin. Und plötzlich war sie wieder da, die leidige Zeit: Wir hatten es eilig, die Wochen waren zu lang, die Tage, die Stunden auch. Bis zum Vortanzen schien es uns, als stecke die Zeit im Stau. Dann endlich standen wir vor der Kommission. Der Tag war uns so wichtig, dass wir ihn nie vergessen wollten. Doch wir haben ihn vor lauter Aufregung nicht erlebt, er ist über uns hinweggegangen. Immerhin hat er uns etwas hinterlassen, eine «Pappe» für Tänzer. Da hielten wir sie nun in Händen, unsere ersehnte Arbeitserlaubnis, die genau genommen «Anerkennung der künstlerischen Qualität von Solisten im künstlerischen Volksschaffen» hieß.

Dieser unvergessen vergessene Tag durchbrach nicht nur unseren Teufelskreis, er machte ihn zu einer Schnurgeraden. Denn wenig später bekamen wir ein Telegramm: «Erbitten Rückruf zwecks Terminabsprache für Vertragsverhandlung.» Das erste Engagement erwartete uns am Friedrichstadtpalast.

Eine Spielzeit am größten Revuetheater Europas war ein sensationeller Anfang. Der Friedrichstadtpalast genoss internationales Ansehen und arbeitete auf hohem Niveau. Für uns war er das Haus aller Häuser. Allein schon die Bühnentechnik war beeindruckend: Außer der Tanzebene gab es eine Manege, ein Wasserbassin, eine Eisfläche und Lasertechnik. Es genügte, dass die Shows an diesem Haus stattfanden, der Inhalt war zweitrangig. Deshalb mussten sie auch keinen besonderen Witz haben oder erfolgreiche Hits produzieren, sie mussten vor allem das Auge gut unterhalten. Dass die Titel der Programme – wie etwa «Urlaubsgeflüster» – oft mehr versprachen, als sie hielten, störte keinen. Und dass das Haus moderner wirkte, als die Gesellschaft tatsächlich war, irritierte niemanden. Hier lockten der unbedingte Wille, sich unterhalten zu lassen, und eine Unbescheidenheit, die sich an den Kostümen, den Bühnenbildern und dem technischen Aufwand zeigte. Die Revuen brachten sowjetische Artistik, kubanisches Temperament und jede Menge Pariser Flitter. An der Friedrichstraße 107 zeigte die DDR ein bisschen Welt. Sozialistisch war an diesem Unterhaltungstempel allein die Beschaffung der Karten: Wer lange an der Kasse anstand, konnte sie Monate im Voraus reservieren. Aber nur, wer lange anstand.

Und dort sollten Carmen und ich auf die Bühne. Wir waren uns sicher, dass nun das Leben begann, das wir führen wollten. Gleichzeitig schämten wir uns irgendwie, dass sich das Glück von uns so dreist herausfordern ließ. Doch das war nicht die einzige Scham, die wir überwinden mussten.

Mamel machte es stolz, wenn sie an den Plakaten vorbeilief, die für das neue Programm der Kleinen Revue warben und auf denen «Abini Hoferichter, Carmen Reumann und das Ballett des Friedrichstadtpalastes» angekündigt wurden. Am liebsten hätte sie jedem gesagt, dass da der Name ihrer Tochter stand. Das änderte sich nach der Premiere. Mamel war zwar immer noch stolz, aber sie meinte: «Ihr seid gerade erst achtzehn geworden und schon so knapp bekleidet», und Carmens Eltern fragten skeptisch:

«Was soll denn daran Kostüm sein?» Bevor sie uns davor warnen konnten, uns in schwülen Träumen aus Strapsen zu verfangen, erklärten wir ihnen, dass es heute kein Verbrechen mehr sei, so aufzutreten. Wenn der liebe Gott und sogar der Staat ein bisschen Erotik zuließen, dann bräuchten unsere Eltern nicht gleich so zu tun, als hätten sie ihre Töchter an die Unterwelt verloren. Oder vertrauten sie uns plötzlich nicht mehr? Doch, sie vertrauten. Denn sie hatten Sorge, uns die Freude am Tanzen zu verderben, und das wollten sie nicht. Lieber gewöhnten sie sich an unsere Volljährigkeit und gaben sich einsichtig.

Eine Spielzeit dauerte etwa ein Dreivierteljahr, aber diese Revue lief so erfolgreich, dass sie verlängert wurde. In der Aufführung «Ständig anständig» ging es um den Dichter Ovid, der zu Beginn der christlichen Zeitrechnung sehr beliebt war, weil er den Menschen so schön verblümt unverblümt die Wege zur Liebeskunst gewiesen hatte. Unser Ovid führte jedoch weniger als psychologischer Beobachter oder feinsinniger Poet durch das Programm denn als reiner Liebesexperte. Deshalb musste sich das Ballett auch so viel auf dem Boden herumwälzen.

Die Kritiker bescheinigten der Kleinen Revue nach der Premiere, dass dort von nun an «der Ausdruckstanz gewagt» würde. Das war wohl ein Kompliment, denn sie watschten die Tänzer der Großen Revue gern als «strassbesetzte Kostümständer» ab. In den Besprechungen wurde das Stück gelobt – es war egal, dass Ringreifen- oder Nagelbrett-Artisten eingebaut werden konnten, obwohl es eigentlich um Liebeskunst ging, man fragte nicht, warum Ovid erst seine Musen das große Vergnügen lehrte und anschließend Matthias, vom Fakir-Duo Fatima, grundlos in

Scherben sprang. Das war Revue. Eine gute Revue, wie die Kritiker meinten.

Das Publikum sah es genauso. Die Besucher kamen in Scharen. Neben Ovid, seinen Musen, dem Fakir und den Ringreifen-Artisten unterhielten auch Peter und Klaus das Publikum, zwei Herren aus dem Ballett, die Marlene Dietrich, Zarah Leander und Nana Mouskouri nachahmten. Sie durften sich damals nur Phonomimiker und noch nicht Travestiekünstler nennen, aber sie mimten so großartig Phono, dass ihre Auftritte geradezu gefeiert wurden. Mehr als zweihundertmal.

Als die nächste Spielzeit begann, wurde Carmen und mir angeboten, zusätzlich in der Großen Revue aufzutreten. Es war eine Zirkus-Show. Wir hatten keinen Faible für Zirkus. Uns wurde zwischen Eisbärendressur und Seilakrobatik ein atemberaubend kurzer Auftritt über dem Wasserbassin im Lasergewitter zugestanden. Er war an Anonymität nicht zu überbieten: Wir sollten derart maskiert werden, dass uns niemand erkennen würde. Liebend gern nahmen wir an. Da «Ständig anständig» verlängert worden war, hatten wir also täglich zwei Vorstellungen, sonnabends sogar drei. Das war ein Arbeitsleben, das keiner Gewerkschaft hätte gefallen können, aber wir liebten es.

Der Palast wurde unser neues Zuhause, die meiste Zeit verbrachten wir in unseren Garderoben oder in der Kantine mit den Maskenbildnern, Technikern und Künstlern. Die Atmosphäre haben viele familiär genannt, ich fand sie in jedem Fall entspannt. Es war nicht das große Gipfeltreffen guter Manieren, aber dafür gab es keine schlechten. Man wusste, dass man das nächste Dreivierteljahr miteinander verbringen würde, und es fiel trotzdem nicht schwer, sich wohl zu fühlen. Wahrscheinlich lag es einfach daran, dass die Leute Spaß an ihrer Arbeit hatten. So etwas erlebte ich zum ersten Mal.

Der größte Teil dieser Familie fand sich nach der Vorstellung zusammen. Nur die Sängerin, die jeden Abend das Publikum beschwor «Die Nacht ist nicht allein zum Schlafen da», fuhr stets zeitig nach Hause. Carmen und ich trafen uns mit den anderen kurz in der Kantine und gingen danach immer noch am liebsten ins Operncafé. Das änderte sich erst, als eines Tages ein Kostümfest stattfand.

Wir freuten uns darauf, schließlich konnten wir uns professionell vorbereiten. Carmen ließ sich nach der Vorstellung von einer Maskenbildnerin zum Clown schminken und hatte sich eine einzigartige Ballonhose aus dem Kostümfundus geliehen, ich ließ mir die Haare toupieren und zog ein Urmenschenkostüm an, das mir Mamel aus meinem Fellbettvorleger gebastelt hatte. Wir fühlten uns bestens präpariert und machten uns ins Operncafé auf. Aber dort erlebten wir eine Überraschung.

Im Foyer, an der Bar und auf dem Parkett sah man nur Netzstrümpfe in Stöckelschuhen und Strapse an Dessous. Hier wurde ein schwüler Traum geträumt, hemmungsloser, als er in der Kleinen Revue je angedeutet worden war. Inmitten der Erotikvamps stand Carmen mit einer roten Pappnase im Gesicht und ich mit einem Knochen im Haar.

Nachdem Clown und Urmensch stundenlang nicht aufgefordert worden waren, wollten wir unauffällig verschwinden. Leider gelang das nicht: Mit meinen Fellstiefeln rutschte ich auf dem Weg zur Garderobe auf Erbrochenem aus, was ich derart eklig fand, dass ich mich auf der Stelle übergab. Das sprach sich schnell herum, und die Gäste aus der Disco versammelten sich um uns. So gerieten wir kurzzeitig doch noch in den Mittelpunkt des Interesses. Und das war schlimmer, als gar nicht beachtet zu werden. Als wir später Bianca davon erzählten, bedauerte sie es – dass sie an dem Abend nicht dabei gewesen war.

Seit jenem Kostümfest gingen wir lieber mit den Revue-Kollegen aus. Zunächst nur, weil uns die Blamage in den Knochen steckte. Bald aber wurden diese Abende spannender, als wir vermutet hätten; wir lernten Berlin von einer ganz anderen Seite kennen. Guy, ein Amerikaner, der in der Großen Revue Zaubertricks vorführte und dessen Schwestern sich an den Zöpfen aufhängen konnten, lud uns wie selbstverständlich nach den Vorstellungen zum Essen ein, dabei war es alles andere als selbstverständlich, nach Mitternacht in Ostberlin noch warmes Essen zu bekommen. Doch Guys harte Währung machte alle Wirte betriebsam. Ich wusste selbst nicht, ob ich mich privilegiert oder eher gedemütigt fühlen sollte. Und auch wenn wir mit Jiri Korn, dem tschechischen Stepp-Export-Schlager, unterwegs waren, wurden die Wirte plötzlich ganz devot. Denn Jiri Korn war prominent.

Das hatte mir Mamel nicht beigebracht: Zwar sprach sie oft davon, dass dieser oder jener das richtige Parteibuch hatte – also überhaupt eines –, allerdings hatte sie mir nicht gesagt, wie leicht das Leben sein konnte, wenn man berühmt war oder reichlich Westgeld hatte. Ich lernte auch Künstler kennen, die vereinigten alle drei Dinge auf sich. Eines allein war freilich schon hilfreich genug.

Ich hatte weder Ruhm noch Westgeld, noch ein Parteibuch, aber ich verdiente am Friedrichstadtpalast gutes Ostgeld. Genug, um Mamels und meine Wohnung neu einzurichten und mit Carmen in den Exquisit-Geschäften Klamotten kaufen zu können.

Genug sogar, um mir eine neue Nase anzuschaffen.

Ich hatte meinen Vater sehr lieb, obwohl es keinen Grund dafür gab. Als er das letzte Mal angerufen hatte, fragte er mich, wie alt ich sei. Da war ich siebzehn und sehr enttäuscht. Wenigstens das hätte er wissen müssen.

Ich hörte nur noch selten von meinem Vater, aber ich dachte oft an ihn – schon wegen meiner krausen Locken, dunklen Augen und etwas breiteren Nase. Komischerweise erinnerte mich nie meine Hautfarbe an ihn. Die war irgendwie nur meine. Sie war schön, so wie sie war. Auch wenn ich den anderen in meiner Umgebung oft erklären musste, dass ich genauso wie sie «einen Sonnenbrand bekommen» kann. Auch wenn mich ihre Nach-Urlaubs-Witze, dass ich «ganz schön braun geworden» sei, ermüdeten. Meine Hautfarbe war ein Kompliment, das ich meinen Eltern zu verdanken hatte, ohne dass mir das groß zu Bewusstsein kam.

Trotzdem war ich nicht ganz zufrieden. Ich hätte lieber glatte Haare, grüne Augen und eine schmalere Nase gehabt. Das konnten die anderen mit den glatten Haaren, den grünen Augen oder den schmalen Nasen immer «nicht verstehen». Hätten sie es verstanden, wäre ich wohl auch beleidigt gewesen.

Irgendwann, ich hatte seit etwa einem Jahr nichts von meinem Vater gehört, beschloss ich, meine braune Haut gern zu behalten, mit den glatten Haaren und den grünen Augen noch etwas zu warten und zunächst das mit der Nase in Angriff zu nehmen.

Meine Freundin Bettina hatte ihr Ilmenau inzwischen

ganz verlassen und arbeitete jetzt auf der Unfallstation der Charité. Wie günstig. Ich traf mich also mit ihr, um ihr die Nase vorzuführen, die ich plötzlich nicht mehr mochte.

«Kannst du mir einen Termin besorgen?»

«Abini, das ist kein Spaß.»

«Jedenfalls bin ich nicht davon abzubringen.»

Ich war fest entschlossen, und schließlich vermittelte Bettina mir eine Hals-Nasen-Ohren-Ärztin. In der folgenden Woche sollte ich zu ihr kommen. Zur Tumorsprechstunde.

Ich saß im Wartezimmer mit Patienten, die ihrer Krankheit wegen kosmetische Operationen über sich ergehen lassen mussten. Sie starrten mich an, denn in meinem Gesicht war – dachten sie wohl – nichts zu korrigieren. Ich fühlte mich überdreht und war beschämt. Doch mir war klar, dass mir die Ärztin diesen Termin absichtlich gegeben hatte. Als wollte sie mich auf den Boden zurückholen. Nein, ich wollte keine Landung, also durfte ich nicht ins Trudeln kommen. Es war eine wirklich harte Probe.

Meine Beharrlichkeit und meine Argumente erschienen der Ärztin offenbar glaubwürdig. Nach einer viertelstündigen Befragung sagte sie: «Sie bekommen aber keine Vollnarkose, nur eine örtliche Betäubung.»

«In Ordnung.»

«Wollen wir meißeln?»

«Nein, ich möchte ja nur eine schmalere Nase. Keine neue.»

«Dann werde ich Ihnen lediglich etwas Knorpel entfernen.»

«Das ist gut.»

«Aber in ein paar Jahren bekommt Ihre Nase wieder die alte Form.»

«Das ist auch gut. Falls die neue mir nicht gefällt, ist das sogar sehr gut.»

«Ich habe selten so junge Patientinnen.»

«Also bin ich Ihre Patientin?»

«Ja. Ich denke, in einem Monat.»

Ich war überglücklich und unterschrieb alles, was sie mir unter die noch alte Nase schob. Ja, mein Riechempfinden wird möglicherweise leiden. Ja, es kann etwas schief gehen. Ja, die Form ist unbestimmt. Ja, ich werde sofort bezahlen.

Ja, ich bekomme eine neue Nase.

Vier Wochen später wartete ich auf einem Krankenbett vor dem OP-Saal darauf, dass die Beruhigungsspritze wirkte. Die Ärztin zog mit wehendem Kittel an mir vorbei und rief: «Es geht gleich los, ich muss nur noch einmal anlegen.» Dann wurde ein Mann mit zwei sehr abstehenden Ohren in den OP gefahren. Er würde es gleich hinter sich haben. Ich habe ihn endlos beneidet.

Eine halbe Stunde später lag ich schließlich selbst auf dem Operationstisch. Vor meine Augen wurde ein grünes Tuch gespannt. Ich konnte nichts sehen, aber ich konnte hören. Die Ärztin schnitt, kappte, kürzte, und es knirschte und knackte in meiner Nase. Mir war, als hantiere sie mit der ganzen Hand in einem Nasenloch. Ich erkannte mich schon jetzt kaum wieder: Früher hatte mich ein kratzendes Stück Kreide an der Tafel bis aufs Mark getroffen, und nun lag ich da und freute mich über das Scharren und Schaben.

Als ich nach der Prozedur in das Krankenzimmer geschoben wurde und endlich die Tür hinter den Schwestern zufiel, führte mich mein erster Weg zum Spiegel. Ich zelebrierte den Gang dorthin und machte betont kleine Schritte, um nicht so aufgeregt zu wirken. Meine Zimmergefährtin, die jetzt an der Stelle einen Gips trug, an der morgens noch ein Höcker gewesen war, schien zwar zu schlafen, aber ich wollte auf keinen Fall beobachtet werden. Vielleicht schlich ich auch deshalb so langsam, weil ich nicht mal richtig stehen konnte. Nachdem ich schließlich doch am Spiegel angekommen war, sah ich eine dicke, geschwollene Nase, die doppelt so breit war wie die alte. Ich flehte meine Stimme an, nicht loszuschreien, und wankte zum Bett zurück.

Wenig später betrat die Ärztin das Zimmer. Sie meinte, ich solle mich nicht erschrecken, wenn ich nachher aufstehen könnte und in den Spiegel schauen würde. Die Nase sei nach so einer OP immer stark aufgequollen und schwelle nur langsam ab. Die richtige Form ergebe sich erst in einem halben Jahr.

Ich drehte mich um und weinte mich in den Schlaf.

Abends besuchten mich Mamel, Carmen und Bianca im Krankenhaus und tauften mich Quasimoda. Doch ihre Freude hielt nicht lange an, schon vierzehn Tage später war ich die, die ich sein wollte. Jedenfalls äußerlich. Zum ersten Mal fand ich mich schön, das Ausprobieren hatte sich gelohnt. Das Experiment war zweifellos gelungen.

Mein immer währendes Hoffentlich-nimmt-mich-mal-jemand-Gefühl wurde von einem Wer-mich-mal-kriegt-Stolz verdrängt. Endlich wirkte ich nicht mehr so schnoddrig, wie ich sprach. Ich entdeckte völlig neue Züge an mir, ich sah aus wie vorher und doch anders. Plötzlich empfand ich eine unheilbare Zuneigung zu meinem Spiegelbild.

Mamel, die meinte, sie habe sich bemüht, bei meiner Erziehung allzu große Schäden zu verhindern, sagte: «Und jetzt so was!»

«Aber Mamel, sieh doch. Die edle Form.»

«Kindchen, edel ist auch die Form deiner Geistesschwäche.»

«Das verstehst du nicht.»

«Nein, versteh ich nicht. Du trägst knappe Kostüme und eine schmale Nase.»

«Aber ich bleib doch deine Tochter.»

«Ja, solange ich dich noch erkenne.»

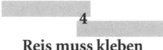

4

Reis muss kleben

Mein Verstand sagt, es sei nicht der richtige Moment.
Mein Gefühl fragt, ob nicht jeder Zeitpunkt ungünstig sei.
Dabei ist alles ganz einfach: Wenn ich zum richtigen Zeit-
punkt etwas falsch machen kann, dann muss ich doch auch
zum falschen Zeitpunkt etwas richtig machen können.

Es war wie ein Wunder, dass ich mit achtzehn schon eine
eigene Wohnung bekam. Aber aus Wundern bestand im
Grunde jede DDR-Biographie. Meist geschahen die Wunder nicht einfach so, meist organisierten die Menschen sie
sich.

Mamels Furcht, dass ich eines Tages weit wegziehen
könnte, ließ mich zur Untermieterin in der Wohnung über
uns werden. Die Dame, der sie gehörte, bot mir an meinem
achtzehnten Geburtstag an, eine Vereinbarung für die
Wohnungsverwaltung aufzusetzen. Sie sagte, ihre Tochter
habe jahrelang auf eine Wohnung warten müssen und erst
eine bekommen, als die Enkelin geboren wurde. Wenn sie
auf ihre alten Tage noch mal helfen könne, würde sie das
gern jetzt tun. Sie drängte, alles möglichst schnell zu regeln,

als wäre nicht viel Zeit. Also vereinbarten wir. Sie wusste wohl, dass sie nicht mehr lange zu leben hatte. Wenig später war sie tot.

Diese Art, sich Wohnraum zu beschaffen, war so taktisch wie taktlos, so umstritten wie unbestritten wirksam. Und sie war so üblich. Trotzdem war mir meine Freude über die eigenen vier Wände nicht koscher, und ich konnte zusehen, wie ich mit ihr klarkam. Doch mit jedem Pinselstrich und jedem Möbelstück nahm sie zu. Ich hatte unserer verstorbenen Nachbarin siebenunddreißig Quadratmeter mit zwei kleinen Zimmern, einer Küche, einem Bad und einem kleinen Balkon zu verdanken. Die Frau hatte mir in ihren letzten Lebenstagen mehr organisiert, als ich vom sozialistischen Wohnungsbauprogramm jemals hätte erwarten dürfen.

Mamel war glücklich, unser inniges Zusammenleben nicht aufgeben zu müssen, und mir reichte es, dass der Weg in meine allmähliche Unabhängigkeit fürs Erste nur eine Etage höher führte. So vollzog sich die Abnabelung im wörtlichen Sinne stufenweise: Ich schlief zwar jetzt in meiner eigenen Wohnung, ansonsten aber nahm Mamel wie eh und je an meinem Leben teil. An meinem Leben, das arm an Entbehrungen und reich an Geschehnissen war und in dem das Glück sich rasant vervielfacht hatte. Mein Glück war eine Mischung aus guter Vorbereitung, rastlosem Willen und günstiger Gelegenheit. Mein Glück war das, was ich darunter verstand. Ich erwartete, dass es so weitergehen würde.

Es ging auch weiter. Aber nicht so. Eines Tages meldete sich Eric.

Eric und ich hatten uns kennen gelernt, als wir vierzehn

waren, ein paar Mal holte er mich damals von der Schule ab. Ich war stolz, dass wir befreundet waren, denn er sah gut aus – groß, sportlich, mit Furchen im Gesicht wie Charles Bronson. Er wirkte männlich und ganz anders als unsere Jungs. Also war es nicht verwunderlich, dass meine Schulfreundinnen etwas von ihm wollten. Einige hatten dann auch was mit ihm und waren stolz darauf. Andere behaupteten, nicht an ihm interessiert zu sein, und waren darauf stolz. Eric schien irgendwie alle stolz zu machen. Er wusste das zu genießen.

Ab und an versuchte Eric, solide zu werden, und dann ließ er es wieder bleiben. Erst als er neunzehn war, änderte sich das. Da war er zur Armee gekommen.

Von dort schrieb er mir nun herzerweichende Briefe, manche waren zwei Meter lang, und mir wurde klar, dass es ihm nicht gut ging. Um ihn ein bisschen aufzumuntern, lud ich ihn für seinen nächsten Urlaub in die Kleine Revue ein. Er kam und staunte, was aus seiner zugeknöpften Freundin geworden war. Anschließend wurden seine Briefe noch inniger. Offensichtlich gab es bei der Armee nicht viel, in das sich ein Soldat reinsteigern konnte. Aber womöglich waren seine Anbetungen ja ernst gemeint, und deshalb antwortete ich gern. Ich mochte seine unverstellte Art. Mir war, als lernte ich ihn durch die Briefe gut kennen, ich entdeckte eine Seite an ihm, die ich ihm nie zugetraut hätte. Die war zerrissen, spannend und erstaunlich emotional. Nach ein paar Wochen überraschten wir uns damit, dass wir ineinander verliebt waren.

An einem der letzten Novembertage kam der Minister für Nationale Verteidigung, Armeegeneral Heinz Hoffmann, in den Friedrichstadtpalast, um seinen fünfundsiebzigsten Geburtstag zu feiern. Er hätte in der Großen Revue die einmalige Girl-Reihe sehen und dann feststellen können, dass nirgendwo in Preußen schöner exerziert wurde. Hoffmann jedoch bevorzugte die intime Atmosphäre der Kleinen Revue, wo sich die «nationale Verteidigung» auf Liebesattacken beschränkte. An jenem Abend musste ich beim Tanzen an Erics Briefe denken und daran, dass ihn vielleicht gerade irgendein Unteroffizier zwang, mit der Zahnbürste das Klo zu putzen oder mit der Nagelschere Gras zu schneiden. Und hier saß sein Chef und amüsierte sich. Ich fand das merkwürdig. Dabei wusste ich ja, dass jeder General der Welt auch mal das Recht hat, sich zu amüsieren. Hoffmann allerdings trank viel, enorm viel, deshalb empfand ich die Lage als ernst. Ich glaubte, dass so wahrscheinlich Kriege beginnen. Beunruhigt schwenkte ich auf der Bühne meine Federboas hin und her und dachte: Hoffentlich baut der keinen Scheiß, den Eric und seine Kameraden dann ausbaden müssen. Aber Heinz Hoffmann baute keinen Scheiß. Heinz Hoffmann starb, wenige Tage später, am 2. Dezember 1985.

Ich trat weiter auf, und offenbar blieb nach Hoffmanns Abschied auch Erics Lage dieselbe. Es kam ja nur ein neuer Minister, um die alten Zustände zu verteidigen. Für Eric änderte das gar nichts, also schrieb er weiterhin entflammte Briefe. Bis er wieder auf Urlaub kam. Da hatte er von den achtzehn Monaten seines Soldatendaseins schon die Hälfte hinter sich. Wir feierten Bergfest, eine ganze Nacht lang. Jetzt waren es nur noch neun Monate.

Wir schickten uns wieder Liebesbriefe und fingen an, unsere gemeinsame Zukunft zu planen. Wir wollten mal sehen, wie es hinter dem Horizont weiterginge. Eric also würde noch zweihundertsiebzig Striche an die Wand malen, endlich die Armee hinter sich haben, dann jeden Morgen um drei aufstehen und in die Bäckerei fahren, das war klar. Ich würde nachts um eins vom Friedrichstadtpalast kommen, und seine Eltern würden früher oder später von mir erwarten, dass ich den Familienbetrieb unterstütze und aufhöre herumzutingeln. Das war auch klar. Aber das war kein Horizont, das waren schlechte Aussichten. Da wartete ein Tief mit vielen Wolken und noch mehr Regen. Sehr wechselhaft.

Es gab nur eine Möglichkeit, dieser Zukunft zu entgehen, wir mussten uns trennen. Ich schrieb Eric, er solle mich so schnell wie möglich anrufen.

Nach ein paar Tagen meldete er sich: «Was ist los? Ist was passiert?»

Ich gab die unbeliebte Antwort: «Wir müssen reden.»

«Bist du schwanger, oder willst du dich trennen?»

«Ja.»

«Welcher Monat und warum?»

«Vierter Monat und weil ich nicht in dein Leben passe.»

«Abini, es ist deine Zukunft und du kannst nur einen Weg gehen: Beruf oder Karriere», sagte Eric ernst.

Ich musste fast lachen, Eric meinte «Beruf oder Familie». Aber dieser Versprecher stand irgendwie auch für die Erwartungen, die er an das Leben hatte. Ich entschied mich nicht für das eine, weil ich nicht einsah, dass ich mich gegen das andere entscheiden müsste. Mir reichte es zu wissen, was ich nicht wollte.

Ich war jetzt neunzehn. Seit einem Jahr nahm ich mehr oder weniger regelmäßig die Pille. Ich hielt es nicht für nötig, penibel zu sein, es war ja nie wirklich Gefahr im Verzug. Wenn ich sie vergessen hatte, schluckte ich am nächsten Tag zwei oder am übernächsten drei. Meinem Gewissen reichte es, dass die Packung rechtzeitig leer war. Bis dahin war mir gar nicht in den Sinn gekommen, dass man von einer Nacht schwanger werden konnte. Gleichzeitig wurde mir mit einem Schlag bewusst, dass Schwangerschaften nicht vom geistigen Zustand der Empfängerin abhängen. Also gut, kam eben ein Kind.

Ich weiß nicht, ob ich meine Schwangerschaft überhaupt bemerkt hätte, wenn Mamel nicht aufgefallen wäre, dass ich plötzlich Busen bekam. Sie meinte, ich solle mich nicht aufregen, sondern zum Arzt gehen und einen Test machen lassen. Ich fand das völlig albern, tat ihr aber den Gefallen. Als ich Mamel das Ergebnis sagte, brach sie nach allen Regeln der Kunst zusammen. Sie fing an zu phantasieren, dass ich bald in der Gosse landen würde, und sah mich schon auf dem Bahnhof Lichtenberg übernachten. Ich erinnerte sie daran, dass ich seit einigen Monaten die Wohnung über ihr bewohnte. Sie schaute mich an wie eine Fremde. Ich schaute zurück.

Das ging eine ganze Weile so, bis Mamel mich ins andere Zimmer schickte, um Nadel und Faden zu holen.

«Du wirst dir doch nichts antun?», fragte ich. «Oder mir?»

«Nun geh schon.»

«Aber du hast schon oft zugestochen und dir etwas mit Nadel und Faden angetan.»

«Das war beim Nähen. Jetzt baue ich ein Pendel.»

Ich fragte mich, was sie wohl mit einem Pendel will, und kam mit Nadel und Faden zurück: «Bitte – hier ist alles.»

«Gib mir mal die linke Pulsader.»

«Warum? Können wir nicht drüber reden?»

«Red kein Zeug, Mäuseschwänzchen. Ich will nur wissen, was auf uns zukommt.» – – –

«Also, was ist es?»

«Es kommt ein Junge auf uns zu.»

«Auf uns?»

«Verlass dich drauf. Du wirst Mutter, aber ich werde Omi.»

Mamel war außer sich. Noch am selben Abend sagte sie allen meinen Tanten und Onkeln Bescheid, und ich erhielt die ersten Ratschläge, wie ich jetzt am schonendsten mit mir umzugehen hätte.

Ende des siebten Monats hatte ich meine letzte Vorstellung in der Großen Revue. Ich ahnte, dass es die allerletzte war. Manche Kollegen, denen ich erzählte, dass ich nun eine Schwangerschaftspause einlege, dachten, ich mache Spaß, denn ich hatte kein Bäuchlein. Der Kleine beschied sich mit so wenig Platz, dass selbst ich nur an ihn glauben konnte, wenn er strampelte.

Auch Mamel kriegte von meiner Schwangerschaft nicht viel mit. Sie hatte sich in hellblauen Wollbergen vergraben und strickte hellblaue Strampler und hellblaue Söckchen, hellblaue Höschen und hellblaue Jäckchen, hellblaue Mützchen mit einer Bommel und hellblaue Mützchen mit zwei Bommeln. Nur ab und zu kam sie hervor, dann forderte sie mich auf, meinen Bauch mit Öl einzureiben und viel mit ihm zu sprechen.

Kurz vor der Entbindung ging ich noch einmal zum Ultraschall. Bei dieser letzten Untersuchung teilte mir die Ärztin mit, dass es ein Mädchen sei. Ich war geschockt.

Doch das war kein Vergleich zu Mamels komatösem Klagegewimmer. Wo sollte sie denn so schnell rosa Wolle herbekommen? Sieht ein Mädchen in Hellblau auch gut aus? Was machen wir jetzt bloß? Was machen wir jetzt bloß?

Nach ein paar Tagen sagte ich: «Mamel, ich weiß nicht, was du jetzt machst. Ich gehe jetzt ein Kind kriegen. Ich habe Wehen.» Dabei wusste ich nicht einmal genau, ob das schon die Wehen waren, ich hatte ja vorher noch nie welche gehabt. Es zog jedenfalls schmerzvoll im Rücken. Vielleicht ging ich auch nur ins Krankenhaus, weil ich wollte, dass jemand an meinen Schmerzen Anteil nahm und mich ein klein wenig bedauerte.

Mamel sagte: «Und wenn du wieder da bist? Was zieht der Kleine da an?»

«Welcher Kleine? Du hast doch gehört, es wird ein Mädchen.»

«Aber dir war nie schlecht, außerdem hattest du keinen runden Bauch. Und was ist mit dem Pendel?»

«Mamel, jetzt tut es wirklich weh. Kommst du mit, oder bleibst du hier?»

«Mädel, sag doch was! Ich ruf den Krankenwagen.»

Dann fuhren wir ins Krankenhaus, und Mamel hatte noch vier Stunden Zeit, sich auf eine Enkelin einzustellen. Das war nicht ganz einfach, denn mit ihr im Warteraum saßen lauter furchtbar aufgeregte Männer. Als sie endlich aufgerufen wurde, ging sie der Schwester entgegen und nahm ihr das Bündel mit den Worten «Hauptsache, er ist gesund» ab. Die Schwester schaute Mamel fragend an. Mamel erklärte, dass das ein Versprecher war, und sagte zum Bündel: «Na meine kleine Enkelin, wir werden uns schon gut verstehen.»

Dann fragte sie mich: «Was ist es?»

«Das sieht man doch, es ist ein Froschgesicht.»

«Du hast Recht, es ist ein bisschen kaulquappig. So sehen sie am Anfang alle aus.»

«Nein, Mamel, nicht alle. Dieser Frosch hat eine afrikanische Stirn.»

«Gott im Himmel, so eine schöne Stirn. Schwester, haben Sie die Stirn gesehen? Da ist doch ganz egal, was es ist.»

Es war ein Junge. Mamel und ich hatten einen kleinen Raoul bekommen.

Mamel feierte ihren kleinen Enkel wie die Wiedergeburt ihres Bruders, der sich mehr als dreißig Jahre zuvor das Leben genommen hatte. Obwohl ich Rudolph nie kennen lernen konnte, wollte ich ihm eine Ehre erweisen: Der Name «Raoul» hat einen ähnlichen Wortstamm wie «Rudolph», und außerdem gefiel er mir.

Aus der Freude daran, etwas von geliebten Menschen weiterleben zu lassen, wurde die Namensgebung der reinste Totentanz. Leider ließ sich das nicht ändern, nur rechtfertigen. Und so musste mein kleiner Raoul neben seiner ohnehin großen Bedeutung eine ganze Menge Sinngewalt verkraften: Ich gab ihm noch den Namen «Silas», zur Erinnerung an meinen Vater, Silas Olu, dem wir die afrikanische Stirn verdanken. Im selben Kreißsaal, in dem jetzt sein Enkel auf die Welt gekommen war, hatte er sich neunzehn Jahre zuvor über meine Geburt gefreut. Damals, als er noch viel vorhatte.

Eine afrikanische Weisheit sagt, dass ein Mensch erst stirbt, wenn er alles erledigt hat. Es könnte auch eine jüdische oder eine sozialistische Weisheit sein, ich habe sie jedenfalls oft gehört, doch eins ist sicher: Sie stimmt nicht. Mein Vater starb, als er immer noch eine Menge vorhatte. Wenige Wochen vor Raouls Geburt und tatsächlich viel zu früh.

Aufgewachsen war er in Lagos, der Hauptstadt von Nigeria. Einem Land, das beinah so viele Menschen wie Völker und Stämme hat. Dort, im Westen Afrikas, gibt es zahllose sprachliche, religiöse und ethnische Unterschiede. Es gibt die Fulbe, die Kanuri, die Yoruba, die Ibo, die Edo, die Tiv. Es gibt – teilweise fundamentalistische, teilweise liberale – Muslime, Katholiken, Protestanten und Anhänger anderer Religionen. Es gibt zig Traditionen, zig Grenzen, zig Kulturen und zig Hoffnungen. Nigeria ist ein großes Durcheinander.

Obwohl die allgemeine Schulpflicht dort sechs Jahre dauert, sind fast die Hälfte aller Nigerianer Analphabeten. Es fehlt an Lehrern. Dafür aber nicht an Krisen. Seit Jahrzehnten lebt Nigeria zwischen der Ausrufung neuer Republiken und der nationalen Aussöhnung, Putsche und politisch motivierte Morde sind an der Tagesordnung. Nigeria entspricht in mancher Hinsicht der Klischeevorstellung von einem Land in Afrika: Es gibt tropische Regenwälder und Trockensavannen, Erdöl und Erdnüsse, Korruption und Armut.

Das einzig Fassbare, das Nigeria für mich hervorgebracht hatte, war mein Vater. Er war zehn Jahre jünger als Mamel und erheblich größer. Er war dunkel, Mamel war blass, er war ruhig, sie temperamentvoll, er trug afrikanische Gewänder und sie trug Hosen. Äußerlich waren die beiden ein ungleiches Paar, aber in ihrer Liebe zueinander waren sie sich einig – wie solche Geschichten eben am besten anfangen.

Die Geschichte meiner Eltern dauerte etwa acht Jahre. Mindestens sechs davon erlebte ich meinen Vater mehr oder weniger in unserer Familie. Mehr, weil er an allen Wochenenden da war, und weniger, weil er die Woche über in Leipzig Journalistik studierte und später in Magdeburg für die «Volksstimme» schrieb. Ich sah ihn zwar regelmäßig, aber selten. Die Wochenenden alleine reichten nicht für große Erinnerungen, die hat Mamel für mich bewahrt.

Nur die kleinen sind noch da. Ich erinnere mich, wie mein Vater zu Hause BBC London hörte und die Radiomeldungen mit seinem Stakkato-Englisch kommentierte. Oder wie enttäuscht er war, wenn ich alle seine schwarzen Freunde «Pappy» nannte – und wie erleichtert, wenn ich ihn dann als «meinen Pappy» hervorhob. Vor allem erinnere ich mich daran, dass er Fisch immer verdammt scharf zubereitete. Und dazu gab es roten Reis: Wir nahmen ihn aus der Schüssel, formten ihn zu kleinen Bällchen und steckten uns diese in den Mund, bevor wir nach dem Fisch fingerten. Ohne Messer und Gabel zu essen war für mich ganz normal, deshalb verstand ich nicht, warum der «Uncle Ben» in der Westwerbung immer Reis beschwor, der nicht klumpte. Ich jedenfalls kannte keinen Afrikaner, der lockere Reiskörner bevorzugte. Wie hätte man daraus Bällchen formen sollen? Mein Vater sagte immer «Reis muss kleben», und kein «Uncle Ben» hätte ihn vom Gegenteil überzeugen können.

Mein Vater schien mir weise, denn er konnte gut erklären und wusste auf vieles eine Antwort. Ich schätzte seine Bildung, doch innerlich blieb er mir fremd. Bis zu meiner Einschulung kannte ich ihn ebenso wenig wie er mich. Anders als Mamel, gab er mir nicht das Gefühl, etwas Besonderes zu sein. Ich empfand mich immer nur als eines seiner Kinder, dabei war er für mich mit Sicherheit mein einziger Vater. Mamel spürte diese Enttäuschung und meinte: «Aber Bienchen, du bist seine erste Tochter.» Seine erste Tochter, immerhin.

Ich weiß bis heute nicht genau, wie viele Halbgeschwister ich habe. Mein Vater erzählte von Ako, seinem ältesten Sohn aus Afrika, und von seinem Zweitältesten, Akos Bruder. Der hieß Juri – nach dem ersten Menschen im All, Juri Gagarin. Ein afrikanisches Kind bekam den Namen eines sowjetischen Volkshelden. Mein Vater war eben sehr beeindruckt von Gagarin, wie von der Sowjetunion und dem Kommunismus überhaupt. Das hatte weniger mit seinem Stamm und dem Dorf seiner Familie zu tun als mit seinen progressiven Freunden von der Universität in Lagos.

Dennoch war mein Vater nicht so sehr Kommunist, dass er darauf verzichtete, nach gutem alten Yoruba-Brauch mehrmals zu heiraten. Sein Vater, mein Opa also, war auch mehrmals verheiratet. Selbst als er zum christlichen Glauben übertrat und Prediger wurde, blieb er standhaft: Er trennte sich von keiner seiner Ehefrauen. Mein Großvater meinte, er habe ihnen ein Versprechen gegeben, und das werde er halten. So wurde er damals einer der ersten Prediger in seiner Gegend, der trotz seines christlichen Glaubens all seine Frauen behielt. Mein Vater war darauf sehr stolz und orientierte sich an diesem Vorbild. Er war für neue Anschauungen offen, ohne sich dabei seines Ursprungs zu entfremden. So gab es in seiner Familie nicht nur einen Reichtum an Kulturen, sondern auch einen Reichtum an Ansichten.

Vieles wurde durch diese große Palette von Ansichten

plausibel, denn dadurch war es leichter, das Tun des anderen zu verstehen. Gleichzeitig war vieles anstrengend, denn es war nicht unbedingt auch leicht, das Tun des anderen zu akzeptieren. Und nicht selten war die grenzenlose Vielfalt wohl einfach – bequem.

Nachdem mein Vater mit seiner ersten Frau das dritte Kind bekommen hatte, schenkte seine zweite Frau ihm ebenfalls drei Kinder. Da hatte er sechs Jungs – keine schlechte Bilanz in Afrika. Doch als eines Tages sein drittgeborener Sohn unerwartet starb, brach für meinen Vater eine Welt zusammen. Er machte sich Vorwürfe, vor allem aber meinte er, die Mutter hätte besser auf das Kind aufpassen müssen. Vielleicht war es so simpel, wahrscheinlich nicht. Jedenfalls ließ mein Vater sich von seiner ersten Frau scheiden und ging nach Europa. In der DDR wollte er Journalistik studieren, und dort lernte er Mamel kennen. Zwei Jahre später wurde ich seine erste Tochter.

Mamel erzählte mir schon früh von meinen Halbgeschwistern, und auch nach meiner Geburt hatte sie hin und wieder Neues zu berichten. Die ständige Familienerweiterung übertrug ich auf meine Wellensittiche, die die Namen meiner Halbbrüder und Halbschwestern bekamen – zumindest soweit wir sie kannten. Zuerst kaufte mir Mamel ein Wellensittichpärchen, wenig später brachte sie einen Brutkasten am Käfig an. Bis das achte Küken aus dem Ei schlüpfte, konnte ich ohne weiteres Namen vergeben. Meine Wellensittiche hießen nie Fiepsi oder Plumpsi, sondern Ako oder Juri, später auch Djamila oder Karoline.

Ich behütete meine Vögel und beobachtete sie ganz genau. Ich ließ sie gern im Badehäuschen planschen, weil sie dann nass wurden und nasse Wellensittiche lecker nach gekochtem Hühnchen rochen. Ich sah, wie neue Brüder und Schwestern schlüpften und wie sie später in die Mauser kamen. Dann testete ich, ob sie im Dunkeln fliegen oder gegen das Blitzlicht meines Fotoapparats bestehen konnten. Konnten sie nicht. Also päppelte ich sie wieder auf. Und als ich wissen wollte, ob sie zahm sind, und das Fenster öffnete, flogen mir einige davon, nicht einmal die Feuerwehr konnte sie wieder einfangen. Das fand ich einerseits furchtbar, aber andererseits typisch für meine Familie, die immer größer wurde und dabei immer mehr schrumpfte.

Mein Vater verbrachte die Zeit zwischen den Wochenenden nicht nur in Leipzig oder Magdeburg, sondern auch mit Elisabeth und Marianne. Djamila, Elisabeths Tochter, war meine zwei Jahre jüngere Halbschwester aus Leipzig, die mein Vater nach Afrika mitnahm, als sie vier war. Die Tradition dort wollte es, dass das Kind bei der Sippe des Vaters lebte, denn der galt als bedeutenderer Elternteil. Es hieß, der Mann lege den Samen, die Frau sei bloß der Nährboden – und Elisabeth akzeptierte, dass mein Vater in Afrika das Sagen haben würde. Sie schickte ihre Tochter vor und wollte ihr folgen.

Im Gegensatz zu Mamel hatte Elisabeth meinen Vater in der DDR geheiratet. Deshalb konnte Djamila problemlos mit einem One-Way-Ticket nach Nigeria fliegen. Elisabeth selbst, die noch drei Kinder von einem deutschen Mann hatte, musste erst eine Unmenge bürokratischer Hürden überwinden, bevor sie die Erlaubnis erhielt, mit ihren Kindern auszureisen. Doch während sich die Formalitäten in die Länge zogen, starb sie unerwartet. Wir haben nie erfahren, was aus ihren Kindern wurde.

Als ich von Djamilas Übersiedlung hörte, dachte ich daran, dass sie vielleicht gerade auf dem Feld arbeiten musste, während ich zu den Pioniernachmittagen hüpfte. Aber ich konnte das nicht glauben, weil ich es mir nicht vorstellen konnte. Ich wollte Genaueres wissen.

Mamel und ich kannten den nigerianischen Botschafter, und schon als Kind habe ich mir in der Bibliothek seiner Vertretung, die, wie die meisten anderen, ihren Sitz in Berlin-Pankow hatte, Bücher ausgeliehen. Ich lernte einige Botschafter Nigerias kennen und fragte mich, wie schwer der Job wohl war, zwischen zwei Ländern zu vermitteln, die kein wirkliches Interesse aneinander hatten. Ich wusste nicht, womit die Fünfzehnstundentage der Botschafter ausgefüllt waren, von denen sie gern sprachen. Menschen helfen konnten sie jedenfalls kaum, wahrscheinlich war es schon aufwendig genug, die diplomatischen Kontakte zu pflegen.

Die Botschafter gaben sich immer sehr mächtig und taten gleichzeitig so, als seien ihnen die Hände gebunden. Dabei schoben sie alles auf die strengen Regeln des DDR-Systems, an die sie sich in Wirklichkeit gar nicht hielten. Ich glaube, sie waren insgeheim froh, in Ostdeutschland zu sein, wo sie die Diktatur insofern akzeptierten, als sie ihnen viele Ausreden ermöglichte, und wo ihnen dieselbe Diktatur alle persönlichen Freiheiten gewährte.

Später, als ich kein Kind mehr war, versuchte einer der Botschafter, sich an mich heranzumachen. Er lud Mamel und mich in Clubs ein, zu denen wir normalerweise keinen Zugang gehabt hätten. Ein einziges Mal folgten wir seiner Einladung und hassten uns danach dafür, denn er hatte uns zu seinen Zuschauern gemacht. Er meinte uns die große Welt zu zeigen, Dinge, die wir nicht kennen lernen durften, dabei waren wir nur in einem Club, in dem es Speisen aus dem Westen gab, mehr nicht. Er versprach mir das Blaue vom Himmel und sich ein paar nette Stunden. Er sagte, er könne mir helfen, über Djamila etwas herauszubekommen, und machte sich wichtig. Aber er redete weniger über Zustände, mehr über das große Geld. Er war ein Selbstdarsteller und seine Botschaft eine Fehlanzeige für all jene, die Auskunft erhofften. Ich habe von Djamila nie wieder etwas gehört.

Mein Vater war mit ihr zu dem Zeitpunkt nach Afrika gegangen, als sich die DDR besonders international gab: 1973, wenige Tage vor Beginn der Weltfestspiele in Berlin. Als die beiden in Nigeria ankamen und die DDR so bunt wie nie zuvor war, stand unsere Familie nicht hintan und wurde ebenfalls bunter. Mamel erfuhr von Marianne.

Marianne arbeitete als Ärztin in Genthin. Diese Kleinstadt lag nicht weit von Magdeburg entfernt, und noch näher lag es, dass mein Vater dort – nachdem er angefangen hatte, für die «Volksstimme» zu schreiben – die Woche verbrachte. Marianne war die Frau neben Elisabeth. Da mein Vater aber an den Wochenenden immer bei uns wohnte, glaubte ich, Mamel sei seine Hauptfrau. Mamel war das ziemlich schnuppe. Mir dagegen überhaupt nicht. Schließlich wollte ich auf der Suche nach dem Besonderen etwas finden.

Mein Vater hätte eine Frau niemals wegen einer anderen verlassen. Er meinte, immer für alle da zu sein, selbst wenn er nicht immer anwesend war. Konflikte oder unterschiedliche Lebensauffassungen wären für ihn kein Trennungsgrund gewesen, ebenso wenig wie bestehende Partnerschaften ihn daran hinderten, neue Frauen kennen zu lernen.

Mir wurde schon früh klar, dass man stark sein musste, wenn man sich auf meinen Vater einließ. Nicht stark, um gegen ihn zu kämpfen, sondern stark, um sich neben ihm zu behaupten. Man musste verstehen, dass sein anderes Denken und Handeln mit seinen Wurzeln zu tun hatte – und gleichzeitig stark genug bleiben, seine eigenen nicht zu verlieren. Respekt durfte nicht in blinden Glauben und Liebe nicht in völlige Anpassung umschlagen. Die Menschen, die das lebten, waren stark. Mamel konnte das. Und ich glaube, Marianne auch.

Mariannes Tochter, Karoline, war vier Jahre jünger als ich. Von den wenigen Halbgeschwistern, die ich kannte, sah sie meinem Vater am ähnlichsten. Sie war schlank, hatte einen knabenhaften Körper und lange Beine – was Mamel mir bei der Verteilung des Erbguts offensichtlich nicht gegönnt hatte. Karoline hatte auch dieses Lachen meines Vaters, das von zwei tiefen Falten an den Mundwinkeln gehalten wurde. Wir sahen uns also überhaupt nicht ähnlich, wir hatten nur die Hautfarbe gemeinsam und einen Teil des Lebens unserer Mütter.

Marianne und Karoline besuchten uns in Berlin, und Mamel und ich besuchten sie in Genthin. Wir fuhren zu den kirchlich organisierten «Wochenenden der Besinnlichkeit» und machten auch zusammen Urlaub. Unsere Mütter, die denselben Mann geliebt hatten, gingen nicht nur souverän miteinander um, sie waren sogar befreundet. Ich wusste nicht, ob und wie viel Kraft es Mamel gekostet hatte, den Kontakt zur weitaus jüngeren Marianne zu suchen und auszubauen. Aber es war eine gute Idee. Wir taten so, als seien wir eine Familie, erst recht als Marianne und Karoline später nach Berlin zogen.

Nach zehn gemeinsamen Jahren gab es eine Zäsur: Marianne wurde noch einmal schwanger – das nahm ich ihr übel; ich spürte, dass sie eine neue Familie gründete. Sie hatte einen neuen Mann, und Karoline bekam einen Bruder. Ich war verletzt. In meinen Augen hatte sie unsere kleine Familie verraten. Mamel sah das gelassener. Sie meinte, Marianne sei sich treu geblieben und habe schließlich nichts anderes gemacht, als sich nicht völlig anzupassen. Mamel verstand das, denn es entsprach im Grunde auch ihrem Lebensgefühl.

Ich aber war rigoroser und fühlte mich nach einiger Zeit bestätigt, als die Beziehung zu Marianne und Karoline zu bröckeln begann. Je mehr ich auf unser Verhältnis achtete, umso deutlicher bemerkte ich, dass einzig Mamel es war, die den Kontakt aufrechterhielt. Auf diese Einseitigkeit hatte ich keine Lust mehr. Ich wollte lieber eine kleine beseelte Familie als eine große freudlose. Mamel meinte, das sei eben der Nachteil einer Familie: Man könne sie sich nicht aussuchen. Aber ich fand, das sei doch immer der Vorteil unserer Familie gewesen: dass wir nie etwas anderes getan haben, als sie uns auszusuchen.

Also beschränkte ich mich auf eine lose Beziehung zu Karoline. Wir trafen uns noch ab und zu. Als sie keine Lust mehr hatte, nach ihrer Lehre weiter zu kellnern, jobbte sie als Fotomodell und träumte von einer Fernsehkarriere. Aber ich vermute, sie hat diesen Wunsch, auszubrechen, nie gelebt, sondern nur gefühlt.

Anfangen konnten wir eigentlich nichts mehr miteinander. Über das Wesentliche, das uns verband, haben wir nie gesprochen: über unseren Vater. Ich weiß nicht, ob sie wusste, dass er für eine nigerianische Zeitung arbeitete und inzwischen weniger progressiv von den Feierlichkeiten der britischen Queen berichtete. Ich weiß nicht, ob sie wusste, dass er schwer krank war und ein halbes Jahr lang in einem Londoner Hospiz behandelt wurde. Ich weiß nicht, ob sie wusste, dass er schließlich an einer Leberzirrhose starb.

Ich weiß nicht einmal, ob ich es selber glaubte, denn der Anrufer aus London, der mir die Nachricht mitteilte, wollte seinen Namen nicht nennen. Dass ich von der nigerianischen Botschaft trotz vieler Nachfragen nie die Sterbeurkunde erhielt, hieß natürlich nicht, dass unser Vater noch lebte. Doch es wäre für Karoline und mich ein Grund gewesen, darüber zu reden. Wir taten es nicht.

Das Letzte, was ich von Karoline hörte, war ein Lied von ihr, das im Radio gespielt wurde. Aus einer Zeit, in der sie sich entschieden hatte, Sängerin zu werden. Das Lied war ein Schlager und passte nicht in meine Welt. Aber es war auch eine versöhnliche Erinnerung, weil ich zum ersten Mal begriff, dass mein Lebensgefühl nicht das Karolines sein musste.

Es gibt einen Reichtum an Möglichkeiten, sein Leben zu gestalten, sagte mein Vater. Also dachte ich, der eine gestaltet es so, der andere so. Ich glaubte, jeder könne sein Leben selbst in die Hand nehmen – wenn er sich nur entscheidet.

Es war schon wahr, was mein Vater sagte, aber es war nicht realistisch: Am Ende ist das eigene Leben abhängig von der Umwelt, die einen formt, von den Umständen, in die man hineingeboren wird, und von den Genen, die man mit auf den Weg bekommt. Von Dingen, für die man nichts kann.

Manchmal sah ich in den Spiegel und erschrak, weil ich

braun war. Die Farbe meiner Haut habe ich oft einfach vergessen. Ich sah mich also, erschrak, fragte mich: «Wer soll denn das sein?», staunte und vergaß es wieder. Alle meine Freunde waren weiß, alle Menschen, die ich frisierte oder vor denen ich tanzte – meine ganze Umgebung war so weiß, dass sie auf mich abfärbte. Das Schwarz meines Vaters und das Weiß von Mamel waren für mich ein selbstverständlicher Reichtum, aber nichts Besonderes. Ich habe mich also im Spiegel dauernd vor dem Nichtbesonderen, vor meinem Reichtum erschrocken. Mein Vater hätte mich dafür ausgelacht, Mamel hätte gelächelt, aber ich war immer nur aufs Neue über die Farbe meiner Haut erstaunt.

Seit ich ein kleines Mädchen war, waren die Leute entzückt von meiner gesunden Farbe oder tätschelten meine Locken. Ich hörte, wie niedlich ich sei, und glaubte es schließlich. Natürlich hörte ich auch, wie sie sagten, dass dieses Putzige später verschwinden werde. Und wie sie prophezeiten, dass aus mir eine gute Sportlerin oder Musikerin werden könne, weil ich das ja «im Blut habe». Ich fand es seltsam, dass niemand von ihnen mich als gute Anwältin oder Ärztin sah, doch ich fand es nicht beunruhigend.

Ich war also braun, alle anderen weiß. Ich habe es immer wieder vergessen, denn ich wusste nicht, welchen Unterschied das machen sollte. Ich lebte völlig unbehelligt. Das dachte ich jedenfalls jahrelang. Denn Jahre habe ich gebraucht, um festzustellen, dass der Unterschied in den Bemerkungen der Menschen liegt.

Es gab tatsächlich eine latente Diskriminierung in der DDR, aber sie erreichte mich in Berlin nicht so wie farbige Menschen in kleineren Städten oder gar Dörfern. In der Großstadt wurde nicht so viel getuschelt. Und wenn es doch Gerede gab, kamen auf jeden Vorwurf gegenüber meiner Mamel, dass sie mit einem Neger ins Bett gegangen sei, etwa zehn Angebote, ihre kleine Tochter zu adoptieren. Das war ein ermutigendes Verhältnis und kein Grund zur Trübsal. Vor allem, wenn die Tochter bei der Mama blieb.

Mit den Jahren spürte ich neben jenem Unterschied auch, dass ich als Mädchen in Europa einfach besser aufgehoben war als in Afrika. Hier war ich nicht von Geburt an weniger wert. Hier konnte eine dunkle Frau bei vielen Männern als exotische Eroberung gelten – ein durchaus zweifelhaftes Privileg zwar, vor dem mich Mamel ja schon rechtzeitig gewarnt hatte, aber keines, unter dem man unbedingt litt. Die farbigen Jungs hatten es schwerer: Mit zunehmendem Alter wurden sie oft dämonisiert. Ihnen wurde bei Beziehungen mit weißen Frauen – um es freundlich zu sagen – gern der zwanghafte Wunsch nach Aufwertung unterstellt, als sei ihre Liebe auf Sex reduziert und das Blond an ihrer Seite nur dazu da, ihnen zu gesellschaftlicher Anerkennung zu verhelfen.

Das Problem hatte ich nicht. Wenn ich überhaupt ein Problem hatte, dann ein anderes: Wie kann ich mit meiner Wirkung optimal haushalten? Um zu verhindern, dass ich anderen ähnlich überdrüssig werden könnte, wie sie mir manchmal überdrüssig wurden, dachte ich mir für die immer selben Fragen – Woher ich so gut Deutsch könne? Aus welchem Land ich käme? Wie lange ich noch bleiben wolle? – immer neue Antworten aus. So wollte ich ein bisschen Abwechslung in die Gespräche bringen und das Vorhersehbare jeder Unterhaltung abwenden. Es schien mir deshalb ganz normal, im Mittelpunkt des Interesses zu stehen, ich fand das amüsant. Der Vorteil daran war, dass ich mir nie anhören musste, wie andere mir meine Lage erklärten.

Dieser Vorteil wog den Nachteil allerdings kaum auf: Dadurch, dass sich alle für mich interessierten, hatte ich es verlernt, mich für andere zu interessieren. Ich war selbst kein Fragensteller, sondern nur noch Antwortgeber, ich agierte nicht mehr, sondern reagierte bloß. Zwar schmückte ich meine Erwiderungen aus, aber dabei tappte ich in eine der dekorativsten Fallen: Ich nahm mich wichtig.

Längst hätte ich mir Fragen stellen müssen: Warum glaubte ich an eine große Zukunft, obwohl ich kein großes Talent hatte? Warum konnte ich Model sein, obwohl ich eigentlich zu klein war? Warum tanzte ich als Solistin am Friedrichstadtpalast, ohne solide Ausbildung?

Aber «Warum immer ich?» ist eine Frage, die man sich nur im Unglück stellt. Und ich war glücklich. So gesehen ein glückliches Opfer der positiven Diskriminierung. Deshalb blieben die Fragen unbeantwortet, ja sogar ungestellt.

Bis Raoul kam.

Normalerweise kann man seinem Kind wenigstens vorwerfen, es habe einem die Karriere vermasselt oder einen daran gehindert, sich auszuleben. Aber als ich mit Raouli zu Hause war, verstand ich, dass er mich gerettet hatte. Vor mir und vor dem, was ich zu werden drohte. Er hat mich gezwungen, mich nicht allein für mein Leben zu interessieren. Er hat mich dazu gebracht, Kompromisse zu machen, Entbehrungen zu ertragen – und Spaß daran zu finden. Er hat mich innehalten lassen und mir etwas verschafft, das ich mir bislang immer nur verordnet hatte: eine Denkpause.

Mir wurde klar, dass ich vieles vielleicht nur durch mein

Äußeres erreicht hatte, für das ich ja nichts konnte. Und das war eine furchtbare Erkenntnis. Auf der Suche nach dem Besonderen fand ich heraus, dass ich nichts Besonderes kann und nichts Besonderes bin. Und das war leider völlig unabhängig von meinen Genen und meiner Umwelt. Ich fühlte mich ein bisschen angestorben. Nun wusste ich: Mein Leben war reich an Möglichkeiten, aber arm an Überzeugungen. Vor allem aber wusste ich jetzt eines: Der eigentliche Sinn meines Lebens lag im Nebenzimmer und versuchte gerade, sein Gitterbettchen auseinander zu nehmen.

Ich ging hinüber, nahm Raouli hoch und roch an seinem verschwitzten Köpfchen. Dabei durchströmte ein Wohlgefühl meinen Körper und weichte mein Herz auf. Es war, als hielte ich meine Familie auf dem Arm: Es roch nach nassem Wellensittich.

Ich wollte nicht, dass mir nochmal einer davonfliegt.

5
Die schönste Katastrophe
von allen

Mein Verstand sagt, ich müsse nicht hochdeutsch sprechen,
um geistreicher zu erscheinen. Oder wegrennen, weil nichts
auf mich zukommt. Oder andere unterhalten, wenn ich mich
doch langweile. Ich solle einfach ich selbst sein, dann könne
ich auch in den Spiegel sehen.

Mein Gefühl stimmt meinem Verstand zu. Einfach so. Da-
bei hatte ich mich schon so sehr an die Zweistimmigkeit in
meinem Körper gewöhnt. Das sei kein Grund verrückt zu
werden, meint mein Gefühl.

So was kommt vor, dass sich Verstand und Gefühl einig
sind.

Es war an der Zeit, die Verantwortung für Raouli zu tragen,
ohne zu glauben, mich gleich aufgeben zu müssen: Wenn
ich in Ordnung war, dann war auch das Kind in Ordnung.
Dann konnte ich auch in den Spiegel schauen. Ich musste
etwas für uns unternehmen. Ich war genügend in Übung
darin, noch einmal von vorn anzufangen. Aber womit?

Seit einiger Zeit schon hatte ich Kleindarstellerrollen

107

angenommen. Auch wenn die Drehpausen mir viel zu lange dauerten, die Einstellungen viel zu oft wiederholt wurden, hat es Spaß gemacht. Alles war unverbindlich, abwechslungsreich, freundlich, entspannt. Ich machte bei ganz unterschiedlichen Produktionen mit, von «Polizeiruf 110», «Der Staatsanwalt hat das Wort» bis hin zu Musikvideos verschiedener DDR-Bands wie Lift, Lama oder Pension Volkmann. Manchmal lief ich kurz durchs Bild, manchmal hatte ich ein paar Zeilen Text, oder die Kamera setzte mich länger in Szene. Doch ich wusste, dass ich beim Fernsehen meist für das Völkerumfassende herhielt. Die Aufnahmeleiter verschafften mir einen Job, ich verschaffte ihnen dafür ein bisschen Internationalität.

Ich hätte mich darüber beklagen können, dass man mich als Requisit benutzte, aber ich versuchte mich in Witzeleien: «Je mehr Farbfernsehen es gibt, desto mehr hab ich zu tun, haha.» Als müsste ich die Kalauer der anderen vorwegnehmen, ging ich zum Dreh, um dort «den Farbklecks zu machen, haha». Und fand Nachtaufnahmen mit mir «reine Geldverschwendung, haha». Ich konnte mit meinem Äußeren nicht souverän umgehen. Haha.

Langsam bin ich darüber ein bisschen verrückt geworden und fragte mich, wie lange ich das wohl noch verbergen könne. Auf dem Höhepunkt meiner Verdrehtheit glaubte ich schließlich, Moderatorin werden zu müssen. Vielleicht konnte ich mich für meine Phrasen ja bezahlen lassen? Ich konnte. Nach kurzen Vorbereitungen für ein kleines einstudiertes Programm, bei dem ich den Gitarristen der Gruppe Rockhaus interviewte und über die Musikszene im Allgemeinen plauderte, bekam ich eine Einstufung im Fachgebiet «Vortragskunst». Ich war schon dankbar, dass sich ein Musiker jener wirklich beliebten Band die Zeit nahm, vor einer Einstufungskommission meine Fragen zu beantworten. Dafür habe ich auch versucht, mich so gut wie möglich vorzubereiten, etwas genauer in die DDR-Musik reingehört und mir von einem Freund, der beim Rundfunk arbeitete, Material besorgt.

Doch es war beinahe frustrierend, wie wenig ich für die «Moderatoren-Pappe» tun musste, der Aufwand war im Vergleich zur einstigen Tanzzulassung geradezu lächerlich gering. Obwohl mein Plappern ohne weiteres staatlich anerkannt wurde, machte ich davon nicht viel Gebrauch. Mein Moderatoren-Höhepunkt bestand darin, dass ich 1988 im Palast der Republik die «Rockbands des Jahres» ansagen und gemeinsam mit einem gestandenen Moderator durch den Abend führen durfte. Was würde als Nächstes kommen? Vielleicht eine TV-Sendung? So eine wie Elf99, die beliebteste, seinerzeit relativ kritische Jugendsendung im DDR-Fernsehen?

Als Nächstes kam eine Sprecherziehung. Denn wenn ich ernsthaft als Moderatorin arbeiten wollte, musste ich zunächst ernsthaft an meinem Dialekt arbeiten. Christine hatte die undankbare Aufgabe, mir über mein Berlinern hinwegzuhelfen.

Christine war ein paar Jahre älter als ich und eine nordische Erscheinung: Sie hatte blonde Haare und blaue Augen, eine perfekte Aussprache und eine gewisse Contenance. Jedes Mal dachte sie nach, bevor sie etwas sagte. Christine war mein Kontrastprogramm.

Tagsüber arbeitete sie beim Rundfunk. Sie hätte genauso gut beim Fernsehen anfangen können, und das tat sie dann später auch, nachdem sie es sich reiflich überlegt hatte. Jetzt machte sie erst einmal Atemübungen mit mir, führte mich in die Lispelfallen ein und formte Laute, die ich kannte, aber nicht konnte. Milch war immer Müllch und elf immer ölf. Ich brach mir fast die Zunge. Und wenn ich mich «or-dent-lich» sprechen hörte, erkannte ich mich gar nicht wieder. Bei Christine dagegen perlte jeder Buchstabe aus dem Mund heraus – und es klang nicht einmal gekünstelt. Ich hätte nie gedacht, dass ein Mensch so vollkommen sprechen kann.

Da ich für meine kleinen Auftritte bei Castings oder auf Betriebsfeiern die Anmoderationen selber schreiben musste, kämpfte ich nicht nur mit meiner Artikulation, sondern übte auch, Texte zu verfassen. Nach zwei Monaten lud mich Christine zum Kaffee ein und ließ den Unterricht ausfallen. Sie setzte sich zu mir und sagte: «Abini, mir sind deine schönen Manuskripte aufgefallen.»

Ich fühlte mich geschmeichelt.

Christine fuhr fort: «Hast du schon einmal daran gedacht zu schreiben?»

«Nö. Aber ich denk grade drüber nach, ob ich nicht was machen könnte, wo mich keiner sieht. Etwas, das nicht mit meinem Äußeren zu tun hat.»

«Das ist ein guter Gedanke. Und was ist mit dem Schreiben?»

«Ich kann's ja mal versuchen.»

«Das wäre wahrscheinlich eine Zukunft. Ich meine es ehrlich.»

Das war ein offenes Wort. Und selbstverständlich hatte es noch nie jemand so deutlich ausgesprochen wie Christine. So schön artikuliert, schien mir die Wahrheit sogar angenehm.

Christines Aufrichtigkeit machte sie nicht nur zu meiner Freundin, sie stellte auch eine entscheidende Weiche für mich.

Eine gute Moderatorin würde ich also nie werden. Und weil geschliffene Worte sich von mir ja nicht aussprechen ließen, versuchte ich sie niederzuschreiben. Deshalb ging ich nun einmal die Woche zum Abendkurs an die Volkshochschule Friedrichshain. Ein Dozent von der Leipziger Journalistenschule bildete im Lehrgang «Handwerk für massenwirksames Schreiben» nebenbei seit zehn Jahren Hobbyschreiber aus. Fast zwei Jahre sollte ich dort an meinem Stil herumschleifen. Ich habe ihn nicht so recht gefunden, aber auf dem Papier wirkten meine Worte immerhin belangvoller als aus meinem Mund. Meine Stimme wurde mir peinlich, auch auf dem Tonband konnte ich sie nicht mehr ertragen. Es gab wohl keine Alternative.

Bianca arbeitete nach wie vor in dem Frisiersalon in Weißensee. Während ich mich an meine neue Rolle als Mutter gewöhnte, besuchte ich sie öfter. Manchmal begegnete mir auf dem Weg dorthin eine Gruppe geistig behinderter Kinder und Jugendlicher. Sie hatten ganz in der Nähe, in der Stephanus-Stiftung, ihre Werkstätten.

Wenn ich sie sah, kam es mir immer seltsam vor, dass man sie schon an der Frisur erkannte. Irgendwie hatten sie alle diesen glatten Mireille-Mathieu-Schüttelschnitt, der eigentlich nichts anderes war als eine Topffrisur. Und weil ich fand, dass das nicht sein musste, sprach ich eines Tages mit einer Werkstätten-Ausbilderin darüber, die früher einmal meine Kundin war. Wir vereinbarten, dass ich zum Haareschneiden in die Stiftung kommen würde. Zuvor wollte sie

111

noch die Eltern fragen, ob die etwas dagegen hätten, und solange konnte ich mir zu Hause Frisuren ausdenken.

Die Stephanus-Stiftung war eine kirchliche Gemeinde, die für geistig Behinderte eine Tagesstätte eingerichtet hatte, in der sie aufgenommen, betreut und gefördert wurden. Die meisten Eltern, die ihre Kinder hier unterbrachten, glaubten nicht – wie ich anfangs dachte –, dass Gott ihre Kinder vergessen habe, sondern vertrauten vielmehr darauf, dass er sie gerade hier erreichte. Hier, wo das Christentum nicht übertheologisiert wurde und die Kirche nicht überinstitutionalisiert daherkam.

Ich wusste wenig über die Stiftung und kannte nur die Anlage, die mir mit ihrer Backsteinfassade immer sehr streng, aber gleichzeitig auch wie eine kleine, erhabene, andere Welt erschienen war. Selbstbewusst. Möglicherweise war das der Anspruch der Gemeinde. Vielleicht würde ich es erfahren.

Eine Woche nach der mündlichen Abmachung packte ich meine Schere, meinen Fön und meinen Raouli ein und wurde von zehn Kindern erwartet. Vom Fransen- bis zum Stufenschnitt, vom Messerformschnitt bis zur Fasson sollten sie alles bekommen, was sie sich wünschten, damit sie endlich einmal anders aussahen. Die plötzliche Angst vor meiner Courage war schnell verflogen, denn Courage war eigentlich gar nicht nötig. In der Werkstatt herrschte eine völlig unverkrampfte Atmosphäre, die Kinder freuten sich auf ihre Frisuren, und die Eltern freuten sich über ein bisschen Abwechslung. Nach dem ersten Auffrischen vereinbarten wir gleich neue Termine. So fuhr ich die nächsten zwei Jahre regelmäßig, immer im Abstand von ein paar Wochen, zum Haareschneiden – nach Weißensee, wo ich schon einmal gearbeitet hatte. Doch diesmal hatte ich das Gefühl, etwas wirklich Sinnvolles zu tun.

Ich habe nie gern darüber gesprochen, weil ich Reaktionen wie «Ich bewundere Leute, die so etwas machen!» für banal und unverbindlich hielt. Außerdem fiel es mir nicht leicht zuzugeben, wie gut diese Besuche meinem Ego taten. Denn genau genommen waren meine Motive dafür vielleicht ebenso banal: Ich fand meine Probleme im Vergleich zu denen, die die Behinderten und ihre Familien hatten, unbedeutend – und war letztlich nur umso dankbarer für mein gesundes Kind. Diese Gefühle waren wohl nicht minder abgeschmackt, aber es gab sie. Das war eine der vielen Erfahrungen, die ich damals machte.

Eine weitere war, dass ich den Unterschied zwischen Toleranz und Akzeptanz lernte, zwischen Duldung und Respekt, und dass ich genau das auch auf mich und mein Äußeres anwenden konnte. Denn das Offensichtliche war auch hier irreführend.

Sosehr mir die Besuche das Herz erleichterten, so sehr beschwerten sie es mir auch. Ich stellte mir manchmal die Frage: Wie gut darf man sich dabei fühlen, wenn man anderen hilft? Darf es sein, dass man sich am Schicksal anderer moralisch aufbaut? Während die Kinder Freude an ihrem neuen Aussehen hatten, machte sich in mir eine ungekannte Ernsthaftigkeit breit. Aber ich wusste schon, dass diese Ernsthaftigkeit einzig mein Problem war. Sie war eine Stimmung, die verarbeitet werden wollte, keine Bedrohung. Ich musste nur lernen, mit ihr umzugehen. Die anderen konnten es doch auch. Und sie konnten es gut.

Am Ende dieser Zeit, nach zwei Jahren, würden die behinderten Kinder in der Werkstatt Raouli zu seinen ersten

Töpferversuchen bringen. Am Ende dieser Zeit würde sich meine Ernsthaftigkeit in ehrliche Achtung gewandelt haben. Am Ende dieser Zeit würde ich frei von Mitleid, aber nicht frei von Mitgefühl sein.

Doch was in den zwei Jahren noch alles passieren würde, war im Babyjahr nicht abzusehen. Das Kind schlief viel, stellte kaum Ansprüche und tat so, als wolle es seine beschäftigte Mutter nicht zu sehr stören. Es ließ sich widerstandslos überallhin tragen, war ruhig und lächelte immer sonnig, als wolle es mir sagen: Sieh, wie problemlos ich bin. Ein bisschen gefüttert werden, ab und zu eine frische Windel, viel schlafen. Worauf willst du Rücksicht nehmen? Ich will dich an nichts hindern. Du könntest noch vieles mehr machen. Lass dich nicht aufhalten.

Raouli war ein furchtbar rücksichtsvolles Kind. Er war für nichts verantwortlich, außer für das Glück. Ich konnte nicht klagen. Damit hatte ich nicht gerechnet.

Um uns den Gefallen zu tun, mich an nichts hindern zu lassen, horchte ich mich um. Durch einen Zufall erfuhr ich von einem Lehrgang der Bezirkskommission für Unterhaltungskunst. Es ging um Musikgeschichte – und da ich gerade dabei war, so vieles in meinem Leben abzuschließen, beflügelte mich das, auch diesen Abschluss zu machen. So waren die vier Jahre, die mich Mamel als Kind zur Musikschule geschickt hatte, möglicherweise nicht umsonst.

Den Rest des Babyjahres ging ich also zum Musikgeschichte-Unterricht nach Mitte, manchmal gab mir mein Lehrer Extrastunden, dann fuhr ich zu ihm hinaus nach Mahlsdorf. Dort lebte er in einer beschaulichen Straße in einem beschaulichen Haus und dachte höchst unbequem über die sozialistischen Musizier-Umstände nach. Sein Unterricht war ungewohnt realistisch und lehrreich, aber nicht erzieherisch.Wir haben viel diskutiert.

Ich war einundzwanzig und Raouli bereits ein halbes Jahr in der Krippe, als mein Lehrer meinte, ich sei jetzt reif für die «Entwicklung der Tanz- und Unterhaltungsmusik seit 1945». Dieses Thema konnte alles und nichts bedeuten. Für mich bedeutete es in jedem Fall, büffeln zu müssen. Ich lernte von morgens bis abends, mit und ohne Breilöffel in der Hand, mit und ohne Kind auf dem Arm, mit und ohne zwischen die Zähne geklemmten frischen Windeln.

Mamel erzählte ich nichts von der bevorstehenden Prüfung und meiner Büffelei. Sie wunderte sich mit den Monaten nur über mein tablettenabhängiges Aussehen. Eines Tages sprach sie mich in süßlich-vertraulichem Ton an.

«Sag mal, Bienchen, nimmst du was?»

«Wie kommst du darauf?»

«Na, hast du dich mal im Spiegel angeschaut?»

«Nö. Ist was Besonderes?»

«Du siehst aus wie Braunbier mit Spucke.»

«Und dann soll ich in den Spiegel schauen? Warum soll ich mir das antun? Willst du, dass ich depressiv werde?»

«Bist du's nicht? Du siehst nämlich so aus.»

«Danke. Red nur weiter, dann hast du vielleicht bald Recht.»

«Und du bist auch so empfindlich geworden.»

«Das liegt daran, dass ich an meinen inneren Werten arbeite.»

«Muss man denn deshalb gleich so aussehen?»

«Fängst du auch schon so an! Warum legt jeder mich nur über mein Äußeres fest?»

Mamel guckte mich ungläubig an und zuckte die Schultern. Sie grummelte etwas von «wahnsinnig» und «nicht mehr zu helfen» in sich hinein, dann stapfte sie runter in ihre Wohnung. Und ich lernte weiter: Ragtime und Swing; Sonaten- und Konzertformen; abstrakt kreative und lyrisch kreative Musik; die Kommerzialisierung durch Rundfunk, Jukebox und Schallplatte; Schlager und Motown, Free Jazz und Big Beat, Punkrock und Ska und solche Dinge. Es war eine Zeit, in der ich von niemandem etwas hören und niemanden sehen wollte. Ich hatte viel Raouli und wenig Schlaf, viel Lernstress und wenig Geld. Das musste reichen. Mehr war beim besten Willen nicht drin.

In diese Zeit hinein fiel ein Anruf. Ich sollte bei einem Musikvideo mitmachen. Der Name der Band sagte mir nichts. Also gut, dies eine Video noch vor der großen Prüfung. Aber danach nur noch innere Werte.

Ich hatte völlig andere Dinge im Kopf, als ich meinem zukünftigen Mann zum ersten Mal begegnete.

Er war der Sänger einer Band namens Chicorée gewesen, die sich vor kurzem aufgelöst hatte. Die Band kannte ich nicht, aber ihr Logo. Das prangte nämlich auf einem Lkw, der immer in Lichtenberg parkte, zwei Querstraßen von meiner Wohnung entfernt. Mit einem Keyboarder hatte der Sänger eine neue Gruppe gegründet, die hieß jetzt wie sein Familienname: Die Zöllner. Nun sollte das erste Zöllner-Video gedreht werden.

In dem Lied «Viel zu weit» ging es um die verpasste Heimat. Das inspirierte die Regisseurin des Videos dazu, mich mit einer Schaffnerkelle an ein Gleis des Bahnhofs Lichtenberg zu stellen. In anderen Szenen musste ich einen Koffer packen, mich auf einer Luftmatratze im Swimmingpool treiben lassen und vor einer Gartenlaube Unkraut jäten. Der Sänger musste über einen Bach hechten, in dem ein Plastikboot schwamm, durch eine Fensterscheibe springen und durch einen Bretterzaun gucken – weil sein Blick ja viel, viel zu weit war. Das waren, wie ich später erfuhr, alles subversive Botschaften, von denen möglichst nur die Drehcrew etwas wissen sollte. Je versteckter das Anarchistische des Werks, desto bedeutungsvoller. Am Ende war es eine wahre Glanzleistung, wie wenig das Publikum mit dem aufrührerischen Anspruch belastet wurde.

In dem Video gab es viele Sequenzen – und jede davon konnte eine kleine Anspielung enthalten. So wären auf 3:40 Minuten sicher zig Anspielungen zustande gekommen. Sie hätten sich zu einem kleinen Meisterwerk addieren können – denn zwischen den Zeilen zu lesen, zwischen die Zeilen zu hören, diese Kunst beherrschten die DDR-Bürger wie niemand sonst. Sie waren so aufmerksame Zuhörer, wie man sie sich nur wünschen konnte, wenn man Botschaften verstecken wollte. An dieser stillen Abmachung mit dem Publikum konnten selbst die Zensoren bei Funk und Fernsehen nichts ändern. Aber die Regisseurin. Denn sie offenbarte die Anspielungen so sehr, dass sie keine mehr waren: Schaut her, das Guckloch ist die Stasi! Seht, der Zaun ist die Mauer! Und an der Kelle erkennt ihr, dass der Zug bald abgefahren ist! – Das interpretierfreudige Publikum war von solchen Eindeutigkeiten schlicht überfordert. Und die Künstler auch: Mancher Texter erfasste erst beim Videodreh, was er da offensichtlich geschrieben hatte.

Es war schon der dritte oder vierte Drehtag, als die

Szene im Swimmingpool anstand. Draußen war es kalt, und in einer kleinen Blockhütte konnte sich das Team aufwärmen. Es war ein guter Tag, denn diesmal gab es keine Rolltreppe, an der sich der Sänger verletzen konnte, heute musste Dirk einfach ins Wasser springen. Doch inzwischen war ich nicht so sicher, ob er sich nicht auch dabei etwas antun würde. Er hatte so was Kamikazehaftes.

In der Pause fragte mich Dirk, ob ich wüsste, warum er mir schwimmenderweise einen Cocktail auf die Luftmatratze servieren sollte. Ich war genauso ratlos wie er, und wir schauten uns staunend an. Dann wollte er wissen, ob ich einen Freund habe. Und ich erzählte ihm, ich hätte mich kürzlich in einen Taxifahrer verliebt, der mich nach Hause fuhr. Dirk nickte verstehend.

Nach einer kurzen Pause sagte er: «Was denkst du, wie das Video wird?»

«Ich weiß es nicht. Ich kann es mir wirklich gar nicht vorstellen.»

«Meinst du, dass es zum Text passt?»

«Ich hab den Text noch nicht gehört.»

«Bist du schon lange mit deinem Freund zusammen?»

«Ein paar Wochen sind es schon.»

«Und wie werden wir ihn los?»

Damit war die Unterhaltung beendet, denn die Aufnahmen gingen weiter. Ich dachte, dass Dirk ein echter Desperado sei, und daran, dass ich Draufgänger gar nicht mag. Es gab keinen Grund, den Taxifahrer loszuwerden.

Als gerade alles auf Position stand, sprang plötzlich ein großer Hund auf Raouli zu. Das Kind plumpste in den Pool, und ehe ich mich's versah, war Dirk im Wasser und hatte den Kleinen am Wickel. Er reichte ihn mir heraus und meinte: «Und deinen Raouli könnte ich auch ganz doll lieb haben.» Aber ging das nicht viel zu weit?

Es gab drei Dinge, die ich nicht ausstehen konnte: Ich mochte es nicht, wenn jemand einen Sonnenuntergang bewunderte und mich zwang, im selben Moment genauso hingerissen davon zu sein. Ich mochte es nicht, wenn jemand glaubte, ich sei leicht rumzubekommen. Und ich mochte es nicht, wenn es niemand versuchte.

Dirk jedenfalls machte alles falsch. Er war ungeschickt, ein bisschen tollpatschig, er war merkwürdig und ganz schön einnehmend.

Am letzten Drehtag brachte er zwei Karten für ein Joe-Cocker-Konzert mit. Leider kein Mittel gegen Herzklopfen.

Ich versuchte vergeblich, etwas dagegen zu unternehmen, dass ich mich allem Anschein nach verliebt hatte. Und ich dachte noch, dies sei eine vorübergehende Krankheit, die schon bald geheilt wäre. Also sah ich keinen Grund, die Einladung abzuschlagen. Hätte ich geahnt, dass Dirk dabei war, mein Leben kräftig durcheinander zu bringen, hätte ich genauso entschieden. Hätte ich gewusst, dass Liebe auf den ersten Blick beim zweiten Blick noch heftiger werden kann, hätte ich genauso entschieden. Wäre um mich herum die ganze Welt zusammengebrochen und hätten mich mein Verstand und mein Gefühl gewarnt, hätte ich genauso entschieden. Dabei wusste ich von Mamel, dass Herzensbrecher nur Herzen brechen können, die sowieso schon einen Sprung haben. Und meines war ganz offensichtlich nicht zu retten.

Die nächsten drei Tage bis zum Konzert konnte ich ohne Bedenken in den Spiegel schauen. Ich erkannte mich sowieso nicht – alles war Dirk. Er war mein erster Flash beim

Aufwachen, meine gute Laune den Tag über und mein letzter Gedanke vor dem Einschlafen. Das sicherste Zeichen für meinen Zustand war, dass ich Dirk zwar immer vor mir sah, mich jedoch nicht genau an sein Gesicht erinnern konnte. Ein Kunstgriff meines Gehirns, welches Dinge, die ich mir unbedingt merken wollte, in irgendwelchen Windungen festsitzen ließ, sodass sie bis auf weiteres nicht abrufbar waren. Wenigstens konnte es mich nicht die Verabredung mit Dirk vergessen lassen.

Das Konzert war natürlich großartig, aber ich bin nicht sicher, ob das etwas mit Joe Cocker zu tun hatte. Als wir anschließend stundenlang nach Hause spazierten, redeten wir über belanglose Dinge und lächelten dabei über das, von dem wir befallen waren. Dann verabschiedeten wir uns artig vor meiner Tür. Ich war nur noch einen Atemzug davon entfernt, dass sein Leben meins wurde. Und es war faszinierend, dass sich dieser Atemzug noch bis zum nächsten Wiedersehen hinzog. Zum ersten Mal verstand ich da wirklich, warum nichts so schön ist wie das, was man nicht hat.

Zwei Verabredungen später klingelte es an meiner Tür. Dirk stand davor mit zwei Plastiktüten in der Hand. Er zog bei uns ein. In der einen Tüte hatte er seine Kleider verstaut, in der anderen seine Platten. Wir hatten auf siebenunddreißig Quadratmetern keine Schwierigkeiten, das unterzubekommen. Wir hatten auch kein Gefühl der Enge, denn wir konnten uns nicht nah genug sein. Es war einfach so, als hätten wir uns einander geschenkt.

Dirk war viel unterwegs, im Studio und auf Tournee, denn Die Zöllner waren erfolgreich, und aus dem einstigen Duo wurde schnell eine vierzehnköpfige Band. Er hatte viele neue Texte zu schreiben, die sein Keyboarder dann vertonte, und ich hatte viel Raouli und noch mehr Abschlussarbeit um die Ohren. Dennoch, in jeder freien Minute versuchten wir, uns zu sehen. Und bei all dem gab es kein Anzeichen von Stress, denn das Glück hatte reichlich in uns investiert. Nachdem es sich angebahnt hatte, war es tatsächlich da. Wir hätten nie ein Herz in einen Baum ritzen, nie einen Schwur auf den Arm tätowieren müssen – auch so waren wir uns der Unendlichkeit unseres Glücks gewiss.

Wenn ich Sehnsucht hatte, schickte ich Dirk ein Telegramm ins Hotel oder auf die Bühne. Meistens aber verständigten wir uns mit Zetteln eines dicken «Merke-dir»-Blocks. Und etwa dieses gab es zu merken: «Fahre morgen früh nach Dresden.» – «Komme gerne mit, wann?» – «Werde dich wecken, wenn ich dich nicht ausschlafen lasse.»

Er ließ mich nicht ausschlafen, in der Frühe fuhren wir los. Die ganze Bahnfahrt über erzählte Dirk bunte Geschichten aus seinem Tourneeleben. Die waren so abenteuerlich, dass ich das Gefühl hatte, bisher gar nichts erlebt zu haben.

In Dresden angekommen, gingen wir die Prager Straße entlang, eine breit angelegte Fußgängerzone. Da entdeckte ich eine Gaststätte, in der Mamel einst einen Broiler gegessen hatte. Ich freute mich über die Gelegenheit, eine höchst unappetitliche Geschichte erzählen zu können: Mamel hatte damals auf einen noch gefüllten Darm gebissen und es nicht mehr zur Toilette geschafft. Ich zeigte Dirk die Gaststätte und erzählte ihm die Geschichte detailgenau. Punkt für Punkt. Vom Schenkel tastete ich mich langsam ins Innere des Hähnchens vor. Aber Dirk schien ungerührt.

Also wurde ich noch ausführlicher. Da passierte es: Mitten auf diesem Boulevard, wo kein Baum stand, musste ich mich übergeben. Ich fand die Geschichte selbst so eklig, dass alles aus mir heraus musste. Dirk wunderte sich, führte mich zu einer Bank und – was am schlimmsten war – versuchte, sich nicht anmerken zu lassen, wie sehr er lachen musste. Er glückste unverschämt, und ich war mir peinlich. Dann wischte er mein Gesicht mit ein paar «Merke-dir»-Zetteln sauber und meinte: «Was du nicht alles tust, damit man sich in dich verliebt.»

Ja, ich habe eine Menge dafür getan. Weil Dirk anders war als die anderen. Und so anders, wie er war, war er gut für mich. Aber war ich auch gut für ihn? Ich konnte mir nicht recht erklären, warum er sich für mich entschieden hatte. Er hatte immer große Auswahl.

Zu der Zeit, als wir uns kennen lernten, bahnte sich eigentlich gerade eine andere Geschichte bei ihm an. Die Geschichte war blond, hatte sich jahrelang an der Ballettschule geschunden und also eine perfekte Figur, sie war Model und wirklich schön, umwerfend freundlich und außerdem dummerweise intelligent. Ich hätte sagen können: Lass die Hände von meinem Freund, du betörend attraktive Frau mit der makellosen Figur. Hätte ich. Aber wenn die Liebe zu mir Dirk so blind gemacht hatte, warum sollte ich ihm die Augen öffnen? Es genügte doch, dass einer den Scharfblick hatte.

Und scharf blicken, das konnte ich. Bei Konzerten, auf Reisen, auf Partys oder zu anderen Besorgnis erregenden Anlässen. Keine Geschichte blieb meinen Augen verborgen.

Doch ich konnte mich nicht ständig für andere Geschichten interessieren. Manchmal, wenn ich einfach nicht mehr scharf blicken wollte, beugte ich mich über meine Aufzeichnungen. Dann verschwamm lediglich die Musikgeschichte unter meinen Augen. Sie war dann zwar ein riesiger Buchstabenbrei, aber dafür hatte sie keine langen Beine und konnte auch nach Entzifferung noch nüchtern und vorbehaltlos betrachtet werden.

Als es nach einem Jahr Büffeln endlich so weit war, schrieb mir Dirk auf einen dieser «Merke-dir»-Zettel: «Meine liebe Abini, hab keinen Schiss. Ich hoffe, du hast Erfolg bei deiner Prüfung. Hoffentlich klappst du nicht ab. Es küsst dich Dirk.»

Bei meinem mündlichen Abschlussreferat in Musikgeschichte hatte ich die undankbare Aufgabe, die DDR-Rockmusik betrachten zu müssen. Es hätte genauso gut auch Free Jazz sein können, so unterirdisch wenig wusste ich darüber. Also musste ich mich ernsthaft hineinknien, in die Rockmusik, nach der ich nicht mal tanzen konnte. Dirk half mir dabei, sie zu entdecken. Zu jedem Stichwort hielt er ganze Referate. Das hat mich beeindruckt, und vor allem hat es meinen Glauben gefestigt, die Prüfung nicht zu schaffen.

Doch mein Gehirn reagierte sportlich: Ich würde mit Dirk noch eine Weile zusammen sein, und es gab keinen Grund, sich schon jetzt zu blamieren. Dafür war später Zeit genug. Also paukte ich.

Im November 1988 kam die Stunde meiner Wahrheit über die DDR-Rockmusik. Der Sound aus dem Osten war spannender, als ich dachte, und irgendwie hatte ich mir inzwischen auch eine Meinung dazu gebildet: Ich stellte die Besonderheit des Ostrocks heraus, der internationale mit eigenen Stilelementen kombinierte, wies ihm ein mitteleuropäisches Melodiebild und ein liedhaftes Charisma nach und kam dann langsam zu seiner unverhältnismäßigen Verherrlichung in unseren Medien. Das ließ sich mit der 60:40-Regelung einfach belegen, die mindestens sechzig Prozent Ostmusik vorschrieb. Aber die Ostler hörten lieber Westmusik, und die Westler waren an Ostmusik kaum interessiert. Ein kleiner Schlenker über die FDJ-Singebewegung und das Jugendradio DT 64, da war ich schon beim Plattenmonopolisten Amiga und dem fehlenden Konkurrenzkampf. Ich machte ein qualitatives Gefälle zu den so genannten anderen Bands aus, die der Annahme widersprachen, dass alle DDR-Rocker ihr Handwerk musikhochschulreif beherrschten, und am Ende erklärte ich die Souveränität der Ostmusik, nicht ohne zu erwähnen, dass sie keine grundsätzlich neue Musikrichtung, Spielweise oder Technik hervorgebracht hatte. Danach war es still im Prüfungsraum, und die Kommission schickte mich vor die Tür.

Ich musste zwanzig Minuten aufgeregt davor warten. Dabei überlegte ich, warum ich mich so reingesteigert hatte, ob ich zu weit gegangen war, viel zu weit eben, und ob ich mich zu sehr hatte beeinflussen lassen. Endlich trat mein Lehrer heraus, kam mit ernster Miene auf mich zu und drückte mich. Ja, ich hatte mich reingesteigert, ja, ich war weit gegangen, und ja, ich ließ mich auch beeinflussen. Wir hatten eine Eins bekommen.

Den nächsten Kuss holte ich mir von Mamel, als ich ihr den Abschluss unter die Nase hielt. Sie sagte: «Bienchen, das habe ich dir gar nicht zugetraut. Aber dafür, dass du ein Jahr gebüffelt hast, siehst du gut aus.» Das war ein enormes Kompliment. Ich hatte mich noch nie so wohl gefühlt. Mein Spiegelbild strahlte.

Ich antwortete Dirk auf einem unserer «Merke-dir»-Zettel: «Mein lieber Dirk, ich hatte richtig Schiss und Erfolg bei meiner Prüfung. Ich bin nicht abgeklappt. Abini küsst dich.» Dann ging ich mit Raouli und Mamel feiern, bei Broiler und Pommes frites in der Clubgaststätte Drushba. An diesem Tag bin ich bei mir angekommen.

Zu Hause erwartete mich eine Nachricht von Dirk, der schon wieder unterwegs war. Auf dem letzten «Merke-dir»-Zettel schrieb er: «Meine liebe Abini. Nun brauchst du keinen Schiss mehr zu haben. Es freut mich, dass du Erfolg bei deiner Prüfung hattest. Ein Glück, dass du nicht abgeklappt bist. Dirk küsst dich nachher.»

Der schönste Liebesbeweis für mich war der, dass Dirk und ich unsere Glückseligkeit immer auch in der Freude des anderen fanden. Gern ignorierten wir, dass unser Glück – wie das aller anderen – ein Gefühl ohne Gewähr war. Und dass die Vorboten beziehungsgeschichtlicher Erschütterungen sich nicht vom Glück abschrecken lassen.

Die ersten seismographischen Zeichen vergisst man nie. Unsere Seligkeit wurde damals durch einen Liter Milch erschüttert.

An einem völlig normalen Frühstücksmorgen saßen wir am Tisch, auf dem die Milch in einer Schlauchtüte stand. Die Tüte war bereits offen, als Dirk plötzlich eine Lust überkam, sie auszuwringen. Einfach so. Natürlich lief die Milch über den ganzen Tisch, was Dirk unheimlich freute. Aber ich dachte bloß daran, dass das Korbmöbel in wenigen Stunden schon nach Babybäuerchen und am nächsten Tag nur noch sauer riechen würde. In etwa diese Richtung entglitten auch meine Gesichtszüge. Das fand

Dirk lustig, und er meinte: «Du siehst schön aus, wenn du sauer bist.»

«Ich will nicht schön sein. Ich will schön frühstücken.»

«Komm, reg dich nicht auf. Es ist doch nur Milch.»

«Es ist mehr. Es ist großer Mist.»

Dirk stand auf, ging zum Buffet und nahm ein Kristallglas in die Hand. Dann ließ er es fallen. Das Glas zersplitterte am Boden. Er meinte, das sei «Mist», und nahm das nächste Glas, das kurz darauf «größerer Mist» war. Ungerührt sah ich ihm zu. Nach dem sechsten und letzten Glas meinte er, das sei nun wirklich «großer Mist». Ich nickte und schaute auf meine Aussteuer, die ich zur Jugendweihe geschenkt bekommen hatte und die jetzt in Scherben lag. Dann bat ich Dirk, beiseite zu treten und die Küchentür aufzumachen, denn nun wollte ich ihm zeigen, was «ganz, ganz großer Mist» ist. Ich ging zurück zum Küchentisch, nahm Anlauf, sprang über den Flur ins Wohnzimmer und landete direkt in seiner kostbaren, liebevoll sortierten Plattensammlung. Dirk schaute mich entgeistert an, und wir waren uns einig, dass das ohne Zweifel ganz, ganz großer Mist war. Nur eines wussten wir da noch nicht: dass wir unseren neuen Sport gefunden hatten – Grenzen ausloten.

Wir setzten uns wieder an den Tisch und frühstückten endlich. Es hätte sicher ein paar kleine Gründe gegeben, etwas an dem anderen nicht zu mögen, aber wir hatten so gar keine Lust darauf. Erst mal waren wir damit beschäftigt, unsere Unvollkommenheiten zu entdecken. Und damit hatten wir genug zu tun.

Einmal bemerkte ich eine große Narbe an Dirks Fuß.

«Woher hast du die?»

Dirk sagte, er sei überzeugt davon, dass ich das Gefühl kenne, wenn man sich in etwas hineinsteigert. Ja natürlich, kannte ich. «Aber woher ist die Narbe?»

Er sagte: «Du weißt doch, wie das ist, wenn man allein in der U-Bahn sitzt.»

«Ja.»

«Dann fängt man doch an zu summen.»

«Kommt vor.»

«Dann wird man lauter und lauter.»

«Schon möglich.»

«Und wenn dann immer noch keiner zugestiegen ist, steht man auf und läuft hin und her.»

«Kann sein.»

«Und dann fängt man an zu rennen.»

«?»

«Also man läuft von einem Ende des Waggons zum andern. Schneller und schneller. Man wird geradezu getrieben. Und dann stößt man sich mit den Füßen an den Wänden ab.»

«??»

«Egal. Ich hab mich jedenfalls irgendwann so kräftig von der Wand abgestoßen, dass ich mit dem Fuß hängen geblieben bin. Ratsch! Ich hab geblutet wie ein Schwein, hab mich nach Hause geschleppt und bin dort ohnmächtig zusammengesackt. Die Wände in den U-Bahnen sind absolut nicht belastbar. Daher kommt die Narbe.»

«Du hast dich verletzt, weil du allein in einem U-Bahn-Abteil gesessen hast?»

«Na, du weißt doch, wie das ist.»

«Ich kann's mir denken.»

Wir waren erst wenige Wochen zusammen, doch es war

nach diesem Morgen ganz gewiss, dass es noch etliches geben würde, mit dem wir uns überraschen konnten.

Dirk und ich, wir hatten uns gefunden. Wir waren aneinander interessiert, wir teilten unsere Ansichten über das Leben und hatten dieselben Prioritäten: Wir konnten beide keine Menschen leiden, die im Windkanal standen, deren Backen zitterten, die keine Kontrolle mehr über ihre Gesichtsmuskeln hatten – und trotzdem schön aussehen wollten. Wir meinten, wer A sagt, muss auch bini sagen, und wer bini sagt, muss auch Dirk meinen. Wir mochten keine Gardinen an den Fenstern und keinen Kartoffelbrei ohne Muskatnuss. Uns verbanden die Knötchen auf unseren Stimmbändern und der gemeinsame Kajalstift auf der Schminkablage. Unser Leben sollte schön, ehrlich und empfindsam sein, und wir riefen Bravo zu unseren Tränen. Wir haben das Unverständliche mit dem Abwegigen kombiniert, und das Überschaubare war uns suspekt. Wir sprangen nicht über jedes Stöckchen, wenn wir unten durch laufen konnten. Wir wollten möglichst ungern funktionieren und erhoben Anspruch darauf, alle Katastrophen selbst zu erfahren.

Die schönste Katastrophe von allen aber gestatteten wir uns schon nach wenigen Wochen: Wir fuhren mit der S-Bahn auf dem Bahnhof Lichtenberg ein, Dirk öffnete während der Fahrt die Tür, sprang ab – und schlug vor zu heiraten. Ich sollte seine Schokoladenseite werden. Das war Mut zur Romantik im Augenblick des Leichtsinns. Das waren wir. Und so war auch unsere Hochzeit.

Am 28. Dezember 1988 fuhren wir mit der Straßenbahn zum Standesamt in Lichtenberg. Wir trugen Jeans und sahen aus wie immer. Nur Raouli hatte eine kleine Schleife um den Hals. Auf dem Weg erklärte ich ihm: «Wir drei werden heiraten, und stell dir vor, kleiner Raouli – niemand weiß was davon.»

Raouli staunte und plapperte: «Mama, da sind Mädchenfrauen.»

Drei Mädels winkten uns zu. Ich schaute Dirk fragend an.

«Wo kommen die denn her?»

«Das mit der Hochzeit muss ich bei der letzten Mugge im Rausch erzählt haben.»

«Nicht mal meine Mamel weiß, dass wir heute heiraten. Und deine Eltern auch nicht. Aber die Groupies wissen es.»

«Die sind doch völlig unwichtig.»

«Genau. Zu meiner Hochzeit kommen völlig unwichtige Leute.»

«Wir können es jetzt nicht ändern. Es hat gar keinen Sinn zu streiten, wir heiraten gleich. Dann bist du meine Frau.»

«Gut, heiraten wir. Aber dann bist du auch mein Mann.»

6

Als ich die DDR
nicht mehr verstand

Mein Verstand sagt, die Hochzeit sei der Start, die Ehe sei die Landung. Oder war es Mamel, die das sagte? Jedenfalls sei das eine die Kür und das andere die Pflicht.

Mein Gefühl meint, Heiraten bedeute nicht automatisch, dass die Freiheit nun zu Ende sei und die Leidenschaft bald aufhöre. Deshalb riet es mir, von nun an auf meinen Scharfblick zu verzichten, und wenn ich ein bisschen Massel hätte, würde Dirk auch nicht jedes Wort von mir auf die Goldwaage legen.

Also, wenn ich ein bisschen blind würde und Dirk ein bisschen taub, dann könnten wir glücklich werden?

Natürlich waren wir nicht sensationell anders als andere Menschen, die sich lieben: «Ich habe noch nie jemanden so geliebt wie dich.» – «Wir wollen immer zusammenbleiben.» – «Ohne dich hat mein Leben keinen Sinn mehr.» Etwa so romeo- und juliahaft haben wir gedacht. Vielleicht hätte es uns ängstigen müssen, dass wir die Liebe derart in den Mittelpunkt stellten. Vielleicht hätten wir sagen sollen:

131

«Gut, dass wir uns kennen gelernt haben.» – «Ja, lass uns einen Lebensabschnitt lang Gefährten sein.» – «Du willst doch nicht heiraten?» – «Nein, dafür liebe ich dich zu sehr.» Vielleicht hätten wir das sagen sollen.

Aber wir sagten aus tiefstem Herzen «Ja». Und die Standesbeamtin gratulierte uns dazu, dass wir uns «in die Reihen der glücklichen Werktätigen eingeordnet haben».

Wir haben was? Wir wollten Liebe, wir wollten Freude und vielleicht auch ein paar Eierkuchen, mit denen wir im Ernstfall nach dem anderen werfen konnten. Aber einreihen? Wir standen mit den anderen nach Bananen oder Jeans, nach Büchern oder H-Milch in einer Reihe. Aber doch nicht nach Glück. Es klang so, als hätte uns diese Standesbeamtin schuldig gesprochen. Schuldig, keine Individuen mehr zu sein, sondern öffentlich Eingereihte. Und das konnten wir keinem Parteitag, keiner Direktive, keinem Beschluss zuschreiben, sondern nur unserer fahrlässigen Entscheidung, unbedingt heiraten zu wollen. Mit einem Pionierleiterlächeln wollte sie uns in «das sozialistische Eheleben» entlassen.

Dirk und ich schauten uns verdattert an. Dann nahm ich Dirks Hand und versprach, ihn zu lieben wie die Deutsche Demokratische Republik, den Frieden zu ehren und Freundschaft mit den Kindern der Sowjetunion und aller Bruderländer zu halten. Dirk beteuerte daraufhin, das arbeitende Volk zu achten, überall tüchtig den Sozialismus mit aufzubauen und endlich das Abzeichen «Für gutes Wissen» in Gold zu erwerben. Pionierehrenwort.

Wir hätten danach Halstücher austauschen können, aber wir hatten keine dabei, also steckten wir uns die Ringe, die mir eine Bekannte bei einem Juwelier besorgt hatte, an die Finger. Die Standesbeamtin hatte uns mit ihrer emotional sparsamen Rede in unsere Kindheit versetzt. Wir waren plötzlich Jungpioniere. Seid bereit! Immer bereit! Mund auf! Zunge in den Hals! Was für eine Trauung.

Anschließend gingen wir ins Schwalbennest, ein stets ausgebuchtes Restaurant im Nikolai-Viertel, in dem mir eine frühere Salon-Kundin einen Tisch reservieren konnte. Wir hatten meine Mamel und Dirks Familie dorthin eingeladen – was ausnahmsweise keiner besonderen Beziehung bedurfte, denn Familien-Beziehungen waren die einzigen in der DDR, die so ziemlich jeder hatte.

Als wir am Tisch saßen, legten wir in die große Speisekarte unser kleines, frisch erworbenes «Buch der Familie». Sie ging um den Tisch, und vom Aufschrei bis zum Kopfschütteln zog die Familie alle Register der überraschten Reaktion. Mamel schossen sofort die Tränen in die Augen. Sie meinte, sie habe so was schon geahnt, aber nun sei sie doch ziemlich verblüfft. Ihr kleines Mäuseschwänzchen war nun eine Ehefrau. Sie drückte mich und sagte: «Du wirst immer meine bessere Hälfte bleiben.»

«Ganz gewiss, Mamel.»

«Ich habe nie geheiratet, und mein einziges Kind lässt sich heimlich trauen. Was denkst du dir dabei?»

«Ich verspreche dir, dass ich dich zu meiner nächsten Hochzeit als Ehrengast einlade.»

«Das muss ja nicht sein, das mit der nächsten Hochzeit. Aber ich werde immer zu dir halten. Egal, was passiert.»

«Und ich werde immer deine Tochter bleiben. Und es wird mir nie egal sein, was mit dir passiert.»

«Es wird mir schwer fallen, Raouli und dich zu teilen. Weißt du das?»

«Ich weiß, und ich finde es wunderbar, dass das so ist.»

«Wir haben Glück mit Dirks Eltern, sie lieben unseren kleinen Raouli.»

«Sonst hätte es auch nicht geklappt, Mamel. Wir drei haben wirklich Glück. Lass uns darauf anstoßen.»

Dann feierten wir, und einige Stunden später flog ich mit Dirk und den Tickets, die mir eine Kundin von Bianca organisiert hatte, nach Budapest.

In Ungarn angekommen, wollten wir uns für die Hochzeitsnacht ein besonders schönes Hotel gönnen, ganz gleich, wie teuer es werden würde. Aber die besonders schönen Hotels nahmen nur besonders schöne Devisen. Da wir kein Westgeld hatten, schraubten wir unsere Ansprüche herunter und gingen zur Zimmervermittlung, wo man uns eine Unterkunft in einer Plattenbausiedlung am Rande der Stadt zuwies.

Es war schon eine Stunde vor Mitternacht, als wir die Straße endlich fanden. Solche Häuser hatten wir noch nie gesehen, statt eines Flures gab es auf jeder Etage einen Laubengang, der sich wie ein Ring um alle Wohnungen zog. Deshalb konnten wir durch die Fenster direkt in die unserer Gastfamilie schauen – und sahen, wie die Eltern beim ersten Klingeln ihre schlafenden Kinder aus einem großen Doppelbett herausscheuchten. Eine halbe Minute später boten sie es uns als Schlafstätte an; sie hatten keine Zeit mehr, es neu zu beziehen. Und so verbrachten Dirk und ich die Hochzeitsnacht regungslos in einem benutzten Bett. Wir waren todmüde, aber wir hatten Angst, uns aus Versehen in diese Bettwäsche einzukuscheln. Also lagen wir starr und versuchten, nicht einzuschlafen. Morgens um sechs sagte ich zu Dirk:

«Ich kann nicht mehr. Ich glaube, gleich schlaf ich ein. Lass uns aufstehen.»

«Ich dachte, du würdest das nie sagen.»

«Was machen wir jetzt?»

«Wir fahren zum Hauptbahnhof, trinken einen Kaffee und warten, bis die Zimmervermittlung wieder aufmacht.»

«Das ist eine sehr gute Idee. Ich liebe dich, und es tut mir Leid wegen der Hochzeitsnacht.»

«Wieso tut es dir Leid? Freu dich doch. Wenn schon die Hochzeitsnacht aus der Reihe springt, dann wird es unsere Ehe auch.»

Ich bekam allmählich wieder gute Laune. Doch dann passierte etwas Unerwartetes: Dirk sprang aus der Reihe. Ohne mich.

Am dritten Tag unserer Hochzeitsreise, Silvester 1988, wollten wir uns die Fischerbastei anschauen. Der Morgen war rau, und ich zog meinen Wintermantel an, der wie ein russischer Militärmantel aussah, aber vom VEB Exquisit auf modern getrimmt war. Es war ein schöner Mantel. Ich schnürte einen breiten Gürtel darum, trug auf dem Kopf ein passendes Käppi und sah aus wie eine afrikanische Russin. Voller Stolz zog Dirk mit mir los.

Wir stiegen gerade die feudale Treppe zur Fischerbastei hinauf, als eine Besuchergruppe wild zu uns hinübergestikulierte. Die Touristen wollten offenbar ein Foto von uns machen, Dirk fand das spaßig. Doch dann gestikulierten sie noch einmal und bedeuteten uns, dass sie nur ein Foto von mir wollten. Deshalb baten sie Dirk zur Seite zu treten. Deshalb war er sauer, und deshalb war ich amüsiert. Deshalb rief er zu mir rüber: «Ich verlasse dich, wenn du dich ohne mich fotografieren lässt.» Deshalb antwortete ich: «Ja, verlass mich nur.» Deshalb flog plötzlich sein Ehering in die Tiefe. Deshalb folgte meiner. Deshalb war Dirk plötzlich weg.

Wir haben uns den ganzen Tag nicht mehr gesehen. Nach Mitternacht kreuzte Dirk in unserer Unterkunft auf – wir wohnten immer noch am Rande Budapests, diesmal aber bei einer allein stehenden Dame, die unsere Federbetten morgens und abends mit großem Aufwand frisch aufschüttelte. Ich lag bedrückt und allein unter der bauschigen Decke und wartete auf ihn. Er kam aus dem Kino und hatte sich den Film «Labyrinth» mit David Bowie angeschaut. Dirk war glücklich. Er meinte, dass er dieses Erlebnis im Grunde nur der blöden Reisegruppe zu verdanken habe: «Ohne die hätte ich den Film nicht gesehen.»

«Und was ist mit mir? Warum hätten wir ihn uns nicht zusammen anschauen können?»

«Ach, Abini, du wärst nie mit mir in diese Räubergegend gegangen, wo ich das Kino gefunden hab.»

«Aber dort, wo ich war, war es auch nicht schön.»

«Wo warst du denn?»

«Ich habe mich durch Sträucher gehangelt und unsere Ringe gesucht.»

«Ach, verdammt. Das war wohl viel Lärm um nichts.»

«Das waren zwei Ringe um nichts.»

«Wir kaufen uns neue.»

«Wir kaufen uns neue.»

Wir kauften uns neue, als wir wieder in Berlin waren. Doch ich wagte es nicht, noch einmal meine nette Bekannte zu bemühen. Also erstanden wir irgendwo ganz einfache Ringe, irgendwelche. Es konnte ja auch niemand wissen, wie lange die nun halten würden. Konnte niemand.

Von unseren Hochzeitsstrapazen erholten wir uns durch einen Umzug. Wir hatten eine Wohnung in der Nähe vom Stadion der Weltjugend bekommen. Unser Stadtbezirk hieß nun nicht mehr Lichtenberg, sondern Mitte, obwohl er gar nicht in der Mitte Ostberlins lag: Vom Dach unseres Hauses konnten wir nach Wedding und Tiergarten schauen, beide Westbezirke waren nur ein paar hundert Meter Luftlinie von uns entfernt.

Das Stadion der Weltjugend war der Austragungsort der Pokalendspiele der DDR und der Länderspiele. Wenn hier ein Spiel stattfand, bildeten die Posten aus dem Wachregiment «Feliks Dzierzynski» an der Westseite des Stadions eine Kette. Dieses Wachregiment war ein besonderes: Es war dem Ministerium für Staatssicherheit unterstellt. Und weil ein Fußballspiel möglicherweise die Sicherheit des Staates wegkicken könnte, standen die Jungs sicherheitshalber Schulter an Schulter.

Könnte ja sein, dass sich ein Fußballfan nach einem enttäuschenden Spiel vor lauter Frust zu einer Republikflucht entschließt. Oder aus falsch verstandenem Freiheitsdrang. Aber was hätte er da drüben schon von seinen Freiheiten? Von der Redefreiheit, der Reisefreiheit? Wäre er dann nicht auch frei von sozialer Sicherheit, frei von Arbeitsplatzgarantien? Könnte nicht aus jedem unsicher Beschäftigten schnell ein sicher Unbeschäftigter werden? Könnte er das wollen? Sollte er das dürfen? Nein, in der DDR war klar, wer was falsch versteht. Und wer das nicht verstand, wurde auch gegen seinen Willen behütet. Dafür gab es die aufmerksamen Posten und den Schutzwall, den antifaschistischen. Denn niemand sollte einfach aus Frust beschließen, sich nicht mehr schützen zu lassen.

Weil unsere Wohnung also in grenznahem Gebiet lag, gab es laufend Personenkontrollen. Egal, ob ich vom Einkaufen kam oder von der Kinderkrippe, oft musste ich Kontrolleuren in Zivil meinen Ausweis zeigen. Nach einer Weile kannte ich die meisten und winkte ihnen von weitem mit meinen Papieren zu. Das waren nette Jungs, immer sehr höflich. Schon bald begrüßten sie mich mit den Worten: «Guten Tag Frau Zöllner, Ihren Ausweis bitte. Zur Identifizierung.» Aber klar, ich hatte Verständnis.

Das war ein lustiges Wohnen, wo man erst mit Namen angesprochen wurde und sich anschließend ausweisen musste. Wahrscheinlich war es der einzige Grund, weshalb wir dorthin gezogen sind. Einen andern gab es eigentlich nicht. Denn aus einer Zweizimmerwohnung wechselten wir in eine Zweizimmerwohnung. In Mitte zu leben war eben spannender.

Auch weil wir nicht mehr im zweiten Stock wohnten. Wie lächerlich wäre es gewesen, in Lichtenberg einen Ring aus dem Fenster zu schmeißen, und wie eindrucksvoll flog er hier in Mitte durch den Hinterhof – aus dem vierten Stock. Anfangs hatten wir Glück, da fanden wir die Ringe wieder. Aber als eines Tages im Parterre ein schwules Pärchen einzog, unsere Auseinandersetzungen belauerte und flink in den Hof eilte, während wir noch die Küchenschränke leer räumten, spätestens da wurde unser Sport ein teures Vergnügen. Wenn wir uns nicht ruinieren wollten, hatten wir nur drei Chancen: Entweder hörten die Auseinandersetzungen auf. Oder sie gingen weiter, und wir kauften keine neuen Ringe mehr. Oder sie gingen weiter, und wir fänden etwas anderes zum Werfen.

Bei seinem ersten Westkonzert im März 1989 in Bregenz, zu dem immerhin ein Viertel der Band fahren durfte, verdiente Dirk umgerechnet einhundert D-Mark. Er kaufte mir davon für neunundneunzig Mark ein Paar Overknee-Stiefel, die ich abgöttisch liebte. Und Dirk liebte ich natürlich ebenfalls – schon für seine Selbstlosigkeit.

Doch leider warf er die Stiefel beim nächsten Streit aus dem Fenster. Vielleicht war es auch der übernächste. Jedenfalls landeten sie auf dem Dach des Naturkundemuseums, das an unseren Innenhof grenzte. Ich regte mich auf und suchte nach etwas, das Dirk schmerzlich vermissen könnte. Es gab nichts. Fast nichts. Bis auf seinen Kalender. Da standen alle wichtigen Telefonnummern und Konzerttermine drin. Das Ding lag aufgeschlagen vor mir auf dem Tisch. Ich dachte, das ist die Gelegenheit. Nur einen Schwung später lag der Kalender neben meinen Stiefeln.

Dirk erschrak vor meiner Risikobereitschaft und ich vor meiner Furchtlosigkeit. Wir sahen uns an und waren ratlos. Was nun? Ich zog los zu unserem Konsum um die Ecke, kaufte eine Flasche Sekt, setzte mich in die Straßenbahn und fuhr zur nächsten Feuerwache. Dort bat ich die Herren, mir mit einer Leiter auszuhelfen und nicht zu fragen, warum. Ich stellte den Sekt auf den Tisch, zwei Herren sagten, das wäre nicht nötig gewesen, ein Dritter packte die Flasche in den Spind, dann fuhren wir mit dem Feuerwehrauto los. Als wir in unserem Hinterhof ankamen, sah ich, wie Dirk sich an einer Regenrinne hochquälte. Das hat mich gerührt, dabei hätte es ja sein können, dass er bloß seinen Kalender holen wollte. Dennoch, ich war gerührt. Natürlich war es mir auch peinlich gegenüber den Feuerwehrleuten, die nun umsonst gekommen waren – falls Dirk nicht noch abstürzte.

Aber Dirk stürzte nicht ab. Nur zwei Stiefel und ein Kalender platschten auf den Boden. Ich zeigte den Männern stolz, dass das da mein Mann sei, und freute mich, als er endlich wieder unten war. Und die Feuerwehrmänner freuten sich, weil sie nun die Geschichte zur Flasche Sekt kannten.

Eigentlich hätte sowieso keine Feuerwehr der Welt etwas für oder gegen unsere Ehe tun können. Dinge, die uns auf der Seele brannten, schwelten nie vor sich hin, sondern verwandelten sich immer gleich in ein großes Flammenmeer, das nicht gelöscht werden wollte. Auf dass unsere Ehe nicht zu Asche würde, loderten die Flammen. Und loderten. Und loderten.

Dirk und ich waren nie vor uns und unseren nächsten Launen sicher. Sicher war nur, dass wir zusammengehörten und uns liebten. Wir hätten uns mit dieser Liebe gegenseitig über das Trauma der Launen hinweghelfen können, wenn wir das Trauma als solches empfunden hätten. Aber wir waren glücklich, haben unsere Energien nicht halbiert, sondern verdoppelt, liebten uns mit langen Haaren und mit kurzen, schwärmten für das Ideal, das wir vom anderen entwarfen, und für die Hülle, die davon blieb, und waren begeistert von allem, wirklich allem, was wir neu an uns entdeckten. Auch von den kleinen Kapriolen eben.

Uns war wichtig, dass wir nicht an uns rumerzogen und uns das Kindliche bewahrten, denn das war rein. Wir konnten ohne jeden Zweifel für uns beanspruchen, uns nie etwas vorzumachen und immer aufrichtig zum anderen zu sein. Deshalb empfanden wir gute Ratschläge von außen wie eine Bedrohung. Und wir bekamen viele Ratschläge.

In unserem Freundeskreis gab es Pfarrer, Maler, Verkäufer, Musiker, Schauspieler, Moderatoren, Friedhofswächter, Rechtsanwälte, Krankenschwestern und andere, die vom Leben schon ihres Berufs wegen nicht erwarteten, dass es geradlinig verlief. Menschen also, die nicht gleich alles als «schräg» bezeichneten. Aber irgendwann fingen sie an, das bei uns zu tun.

Wir wussten nicht, wie wir das finden sollten. Denn «schräg», das wollten viele sein. Und wie die vielen wollten wir ja gerade nicht sein. Wenn uns also jemand «schräg» fand oder auf einmal fürsorglich wurde, um uns «geradezurücken», fühlten wir uns unverstanden. Wahrscheinlich waren wir beide die Einzigen, die wussten, was gut für uns ist.

Meine Wohnung in Lichtenberg hatte ich auch nach unserer Heirat nicht aufgegeben. Wir waren einfach zu unberechenbar, sodass ich die neununddreißig Mark Miete lieber auch weiterhin Monat für Monat bezahlte. Und manchmal, wenn wir nicht nur Streitigkeiten, sondern große Streite hatten, musste ich gleich und sofort ausziehen. Dann wohnte ich wieder eine Etage über Mamel. Sie war vielleicht die Einzige, die unseren Launen etwas Positives abgewinnen konnte.

Einen solchen Umzug empfand ich nie als gewaltiges Unternehmen, auch nicht an Feiertagen. Wenn Menschen Wolkenkratzer bauen oder auf dem Mond landen, dann werde ich wohl wenigstens an Ostern umziehen können. Also klemmte ich mir Raouli unter den Arm, organisierte ein Auto und vertraute auf Hilfe für die schwere Waschmaschine. Dafür hatte ich einen Freund, der zuverlässiger war als meine Gemütsverfassungen – Eric. Er arbeitete inzwischen in der Bäckerei seiner Eltern und war allzeit bereit, die Tortenbleche aus dem Transporter zu werfen, um mir bei den Umzügen zu helfen. Durch meine steten Wohnungswechsel hatte er außerdem recht regen Kontakt zu seinem Sohn. So nahm Eric also noch ein bisschen an meinem und Raoulis Leben teil.

Da ich nicht jedes Mal in meine Wohnung konnte – manchmal benutzte eine Freundin sie, die sich gerade trennte –, musste ich auch in andere Quartiere ausweichen. Eric lernte dadurch etwa den Bassisten von Dirks Band kennen, der mir Asyl gewährte, und den Tontechniker, der ebenfalls dort untergekommen war, weil seine Frau ihn rausgeschmissen hatte. Nach jedem Umzug gab Eric eine Einschätzung der neuen Wohnverhältnisse ab und notierte sich die Adresse, damit er wusste, wo er mich abholen würde. Eric war treu und zuverlässig – und ich glaube, er war mir manchmal verbunden für die Abwechslung, die ich ihm bereitete und die er sich nicht selber bereiten musste.

Wahrscheinlich strebte Eric auch nie nach eigenen Abenteuern. Von der Damenwelt einmal abgesehen, war sein Leben von der Wiege an ziemlich vorhersehbar. Längst fuhr er morgens die Brötchen aus und stellte sich darauf ein, eines Tages den Betrieb seiner Eltern zu übernehmen. Sein Leben war ihm vom ersten Atemzug an eingerichtet worden, und er konnte sich damit arrangieren. Mehr noch: Er war ausgeglichen und strahlte eine große Zufriedenheit aus. Nichts brachte ihn von seinem Weg ab. Denn er konnte das tun, was er wollte, und mochte das, was er tun musste. Eric schien glücklich darüber zu sein, dass die Ereignisse, die ihn betrafen, überschaubar blieben. Unser uneheliches Kind konnte aus dieser Sicht als der Gipfel seiner Unbedachtheit gelten.

Erics Ereignisse waren anderer Art. Zum Beispiel fuhr er einen Mazda – das war ein Ereignis. Er baute einen Unfall – die Beschaffung der Ersatzteile war auch ein Ereignis. Er gab dem Automonteur vierhundert Mark Trinkgeld – und was war das? Der Monteur erkannte Eric nicht wieder, als er seinen Mazda abholte. Er erinnerte sich nicht mehr an jenen spendablen Kunden – das war am Ende schockierender als der Unfall selbst. Vierhundert Mark waren ein Ereignis für Eric, nicht aber für einen Kfz-Schlosser in einer DDR-Autowerkstatt.

Es wurde einem im sozialistischen Zusammenleben mitunter sehr leicht gemacht, etwas als Ereignis zu empfinden, bei der Konsumgüterbeschaffung genauso wie bei der Trinkgeldbestechung, bei der Liebe auf den ersten Blick genauso wie bei der Begegnung mit einem Parteifunktionär. Manchmal konnte das ernüchternd und frustrierend sein, lang anhaltende Verbitterung nicht ausgeschlossen. Meist aber war es erstaunlich oder amüsant. So haben Dirk und ich über vieles im Osten gelacht. Zwar hatten wir ein Bewusstsein, aber wir konnten das System nicht ernst nehmen. In ihrer Erstarrtheit war die DDR selbst ihre beste Karikatur. Aber wir belächelten sie nie herablassend, wir erfreuten uns nur an der Realsatire. Und die gab es schließlich allerorten.

Ein paar hundert Meter von unserer Wohnung entfernt befand sich die Ständige Vertretung der Bundesrepublik. Davor standen in Zivil gekleidete Staatssicherheitsbeamte, betont gläsern – sie schauten in die Luft, sie schauten durch einen durch und wollten am liebsten, dass man gar nicht bemerkte, wie sie hier Schicht schoben. Doch ich ging gern auf sie zu, um sie nach der Uhrzeit zu fragen: «Sie werden entschuldigen, aber wie spät ist es bitte?»

Die Antwort kam kurz und knapp: «Sechs.»

«Ist es ganz genau sechs Uhr?»

«Kurz vor.»

«Verzeihung, wie viel kurz vor? Fünf Minuten?»

«Zwei.»

Ich bedankte mich, ging ein paar Schritte weiter und rief Dirk zu: «Es ist gleich sechs! Nur noch zwei Minuten!»

Dann schlenderte Dirk an den auffälligen Unauffälligen vorbei und machte plötzlich eine abrupte Bewegung, als wolle er auf die Vertretung zustürzen. Ein kleiner Ausfallschritt reichte, um eine alarmierende Situation zu schaffen. Die Posten schreckten auf, und die Luft, in die sie eben noch schauten, war voller Panik.

Dirk ging gelassen auf mich zu, wir spazierten zusammen nach Hause und freuten uns wie Kinder. So fanden wir unsere Balance. Die Steifheit, die uns umgab, entzückte uns, und die fehlende Lockerheit der DDR machte uns zum glücklichsten Ehepaar aus den Reihen der Werktätigen. Zwar konnten wir dem Sozialismus nichts anhaben, aber er uns auch nichts.

Dachten wir jedenfalls. Bis wir eines Tages im Sommer 1989 in der Straßenbahn saßen. Ich hatte meine Füße auf den freien Sitzplatz vor mir gelegt, und ein älterer Herr beschimpfte mich deshalb unsäglich. Seine Hasstirade endete mit der Feststellung, dass wir das «wohl im Busch so machen». Im Busch Straßenbahn fahren, um die Füße auf den Sitz zu legen? Der ältere Herr meinte, ich sollte nicht frech werden: «Vor vierzig Jahren hätte es so was wie Sie nicht gegeben.»

Dirk stand auf und stellte den Mann zur Rede, der Straßenbahnfahrer stoppte auf freier Strecke und informierte die Polizei per Funk darüber, dass es in seinem Wagen eine Auseinandersetzung gebe. Dirk wollte aussteigen, weil er meinte, es habe keinen Sinn, noch länger mit dem Mann zu reden, aber ich bestand darauf, auf die Polizei zu warten, um Anzeige zu erstatten.

Drei Minuten später kamen Polizisten. Der ältere Herr ging sofort auf sie zu, hielt ihnen einen Ausweis vor die Nase, den ich nie zuvor gesehen hatte, und Dirk und ich wurden auf der Stelle festgenommen. Eine empörte Dame gab mir ihre Telefonnummer mit den Worten: «Geben Sie mich bitte als Zeugin an.» Ich konnte den Zettel gerade noch schnappen, doch bevor wir ins Polizeiauto stiegen, wurde er mir wieder abgenommen. Etwa zur Mittagszeit fuhren wir beim Polizeipräsidium in der Keibelstraße vor.

Wir wurden in getrennte Zellen gesteckt und hatten keine Möglichkeit, jemanden anzurufen und von unserer misslichen Lage zu benachrichten. Offensichtlich waren wir kein «Vorgang». Oder es waren an diesem Tag zu wenig Zellen belegt, und wir kamen gerade recht. Möglicherweise mussten in der DDR auch Polizisten ein Plansoll erfüllen. Oder die Beamten interessierte die Lappalie nicht besonders. Oder es stellte sich gerade heraus, dass unsere Festnahme ein Missverständnis war. Ich wusste es nicht. Ich wusste nur: Im schlimmsten Fall wollte man uns einfach ruhig stellen.

Als nach Stunden des Grübelns endlich die Zellentür aufging, wurde ich zum Verhör geholt. Ein Mann in Zivil eröffnete es staatstragend, und mir wurde bald klar, dass

145

ihn die Schuldfrage gar nicht mehr interessierte und dass ich bis zu seinem großen Auftritt tatsächlich ruhig gestellt worden war. Erwartungsgemäß konnte ich keine Anzeige erstatten, denn es lag bereits eine gegen mich vor.

Es war Juni 1989, vierzig Jahre nach Gründung der DDR, und mir wurde vorgeworfen, ich hätte sie verunglimpft. Der Mann aus der Straßenbahn habe nämlich lediglich gemeint, dass es mich vor vierzig Jahren nicht gegeben hätte, «weil die Republik da noch so jung war und es einfach keine dunkelhäutigen Ausländer gab». Ich aber hätte wider besseres Wissen – denn rechnen könne ich wohl – daraus eine Schlussfolgerung gezogen, die zwangsläufig bei Gaskammern und Faschismus ende. Und die DDR mit dem Dritten Reich zu vergleichen, sei – das könne ich mir ja denken – ein unerhörter Vorgang.

Ich fragte: «Was soll das? So etwas habe ich nie behauptet. Nicht einmal gedacht.»

«Auch wenn Sie dies so nicht ausgesprochen haben, Ihre Äußerung lief darauf hinaus.»

«Einen Moment, bitte. Wir wissen doch beide, wie es dieser Herr gemeint hat. Er hat sich doch nicht ohne Absicht dieses Vor-vierzig-Jahren-Spruchs bedient.»

«Frau Zöllner, vergrößern Sie nicht noch Ihr Problem.»

«Aber ich will es doch klären. Sie vergrößern es, indem Sie mir das Wort im Mund herumdrehen.»

«Sie sehen es also nicht einmal ein. Eine Anzeige ist Ihnen gewiss.»

«Ich möchte jetzt im Kindergarten meines Sohnes anrufen. Wir hätten ihn längst abgeholt. Er macht sich sicher Sorgen. Und der Kindergarten schließt in einer halben Stunde.»

«Gut, rufen Sie an. Aber vorher unterschreiben Sie bitte hier.»

Er hielt mir ein vierseitiges Protokoll hin. Ich überflog es und sagte: «Das ist ja ein Schuldbekenntnis. Das unterschreibe ich nicht.»

«Führen Sie die Frau ab.»

So kam ich wieder in meine Zelle und hatte ausreichend Zeit, über den Sinn der Aufführung nachzudenken, die hier gerade gegeben wurde. Allmählich dämmerte mir, dass der ältere Herr aus der Straßenbahn ein ranghoher Funktionär war, der das so nicht gesagt haben durfte. Es dauerte noch ein wenig, bis ich wirklich begriff.

Ich hatte von meiner DDR erwartet, dass sie mich und mein Kind unterstützt, und nicht, dass sie mich und mein Kind einschüchtert. Ich wollte mich in ihr gut aufgehoben und nicht bedroht fühlen. Ich wollte gern auch Rechte wahrnehmen und nicht nur Pflichten. Ich wollte meine DDR so, wie ich mit ihr bisher umging: unpolitisch. Von dem Moment an, in dem sie politisch wurde, verstand ich sie nicht mehr. Konnte es sein, dass mir ausgerechnet im Sozialismus meine Hautfarbe zum Verhängnis wurde? Konnte es sein, dass sie plötzlich eine Rolle spielte? Konnte es sein, dass ich zweiundzwanzig Jahre lang etwas nicht mitbekommen hatte?

Ich hätte es nie übers Herz gebracht, an der DDR zu zweifeln. Aber plötzlich war es ganz einfach. Mehr als die Diskriminierung durch diesen Wichtigtuer irritierte mich, dass ich von meiner DDR nichts zu erwarten hatte. Es war merkwürdig, wie schnell sich alles gegen einen wenden konnte. Und noch merkwürdiger war, wie schnell der jahrelange Glaube an etwas mit einem Mal zusammenbrach.

Am Abend – der Kindergarten hatte seit Stunden geschlossen, ich wusste nicht, was mit Raouli war, weil ich noch immer nicht telefonieren durfte – kam ich wieder zum Verhör. Diesmal saß dort ein Polizist, und diesmal wurde ich mit Dirk, der sein erstes Protokoll ebenfalls nicht unterschrieben hatte, gemeinsam vernommen. Der Beamte schlug einen versöhnlichen Ton an und las aus unseren Lebensläufen vor. Er hatte erstaunlich viel Material über uns, aus dem er Stichworte entnahm. Da überkam mich ein groteskes Gefühl, ich dachte: Der Staat beschäftigt sich mit mir, er weiß viel über mich, er interessiert sich für mich. Da kann ich ihm also nicht egal sein. Der Beamte sah uns an und sagte:

«Sie haben beide Ihre Berufsausbildung als bester Lehrling abgeschlossen. Da haben Sie doch so etwas gar nicht nötig. Ich denke, wir werden eine Einigung finden.»

Ich fragte Dirk: «Das ist nicht wahr, du warst bester Lehrling?»

Dirk entgegnete: «Du doch auch.»

«Ja, ja. Aber du hast es mir nie erzählt.»

«Na, du doch auch nicht.»

«Das ist ja auch total peinlich.»

«Deswegen hab ich es ja nicht erzählt.»

«Weißt du was? Das nehm ich dir trotzdem übel. Das ist nämlich die zweite Welt, die heute in mir zusammenbricht.»

Wir lächelten uns an. Es war der erste Moment an diesem Ort, in dem ich ein wenig Gelassenheit fand.

Der Beamte schob uns zwei Blätter herüber und fragte, ob wir die denn nun unterschreiben würden. Darin wurden wir nur mehr bezichtigt, das sozialistische Zusammenleben gestört zu haben. Wir unterschrieben «unter Vorbehalt» – einfach weil wir nach Hause wollten.

Der Beamte war zufrieden, ja fast erleichtert und wies einen Kollegen an, uns heimzubringen. Einen halben Tag nach unserer Festnahme saßen Dirk und ich als freie Bürger im Polizeiauto. Wir vermuteten, dass wir das dem Schichtwechsel in der Keibelstraße zu verdanken hatten. Wahrscheinlich hatten wir Glück, dass dieser Scharfmacher vom Nachmittag irgendwann doch Feierabend machen musste.

Es war später Abend, als der Wagen vor unserem Haus hielt. Vor der Wohnung stand Raouli mit seiner Kindergärtnerin. Beide waren völlig in Tränen aufgelöst. Ich rannte Raouli entgegen und drückte ihn ganz fest an mich. Er zitterte am ganzen Körper.

Da habe ich die DDR gehasst.

Nachdem die Liebe zu meiner Heimat so plötzlich gescheitert war, nachdem sich das sozialistische Zusammenleben im Sommer 1989 immer mehr auf das westdeutsche Botschaftsgelände in Prag oder nach Budapest verlagerte und nachdem uns eine Ordnungsstrafverfügung zugestellt worden war – nach all dem spürte ich, dass mich mein Unterlegenheitsgefühl nicht länger beherrschen musste.

Gegen die offizielle Strafmaßnahme von jeweils 250,75 Mark legten Dirk und ich Einspruch ein. Wir fanden auch einen Rechtsanwalt, der uns dabei unterstützte. Den Anwalt hatten uns Dirks Musikerkollegen vermittelt, die damals immer öfter juristischen Beistand brauchten. Denn im Sommer 1989 begannen einige Rockmusiker, eine Resolution zu verfassen.

An einem Tag im August kam ich mit Raouli von einem Mamel-Besuch aus Lichtenberg nach Hause. Unsere Wohnungstür stand sperrangelweit offen. Ich war verwundert, da Dirk mit seiner Band eigentlich zwei Wochen lang auf Tournee sein wollte. Und Mamel war mit Sicherheit in Lichtenberg. Ist da jemand?

Jemand war schon wieder weg und hatte sich nicht mal die Mühe gemacht, das gewaltsam aufgebrochene Türschloss zu verbergen. Ich stellte Raouli ab, schaute in die Wohnung, die ordentlich durchwühlt worden war, nahm das Kind an die Hand und ging zur Polizei, um den Einbruch zu melden. Erst mit der Spurensicherung kehrten wir wieder zurück. Und weil nichts berührt oder bewegt werden durfte, saßen Raouli und ich zwei lange Stunden am Küchentisch und warteten. Am Ende wurde ich gefragt, was ich vermisste. Es fehlten zweitausend Mark, sonst nichts.

Die zweitausend Mark bekam ich von der staatlichen Versicherung anstandslos binnen einer Woche erstattet. Da war Dirk endlich wieder zu Hause und wir grübelten nächtelang, wer wohl in unsere Wohnung eingedrungen sein könnte.

Unsere Freundin Tamara Danz, die nicht nur die Sängerin von Silly, sondern auch eine scharfe Denkerin war und deshalb gern um Rat gefragt wurde, Tamara sagte knapp: «Da hat euch jemand beobachtet. Was denkt ihr denn? Dirk hat doch die ganze Zeit mit den anderen Musikern Resolutionen und Pamphlete ausgeheckt. Da ist er für die interessant geworden.»

«Warum sollten die Stasi-Einbrecher denn Geld klauen?»

«Um zu vertuschen, wonach sie eigentlich gesucht haben.»

«Und warum haben wir das Geld so schnell wiederbekommen?»

«Na, um euch ruhig zu stellen.»

Das klang so unglaublich wie einleuchtend. Das passte also hervorragend in jene Zeit.

Im September 1989 begannen die Rockmusiker, ihre Resolution auf den Konzerten zu verlesen. Dafür handelten sie sich von zerstochenen Reifen bis zum Auftrittsverbot eine Menge Sanktionen ein. Doch mehr als dreitausend andere Künstler schlossen sich ihnen nach und nach an, und es ließ sich nicht mehr verhindern, dass die Forderungen weiter öffentlich gemacht wurden.

In der Resolution äußerten sie sich besorgt über den Zustand des Landes und die Sinnkrise der Gesellschaft, über die Ignoranz der Partei- und Staatsführung, die lieber bagatellisierte als reformierte. Sie unterstützten den Aufruf des Neuen Forums, der die alten Strukturen für überholt erklärte, und forderten mehr Meinungsfreiheit und offenere Medienarbeit. Die Resolution der Rockmusiker war ein Appell, die Augen nicht länger vor der Realität zu verschließen. Sie war ein Angebot, sich den Widersprüchen zu stellen, vom starren Kurs abzulassen und gemeinsam etwas Neues, Ehrliches zu entwerfen. Es sollte etwas in Bewegung kommen.

Einen Monat später meldeten die Zeitungen, es sei nun etwas in Bewegung gekommen: Erich Honecker hatte sich mit den Vorsitzenden der befreundeten Parteien und dem Präsidenten des Nationalrates der Nationalen Front unterhalten über «aktuelle Aufgaben bei der weiteren Gestaltung der entwickelten sozialistischen Gesellschaft in der DDR». Das also war in Bewegung gekommen. Erich Honecker ging es da wohl so wie mir schon einige Wochen zuvor im Polizeipräsidium: Er verstand seine DDR nicht mehr. Und seine DDR wollte ihn nicht mehr verstehen.

Für die einen war der Sozialismus eine Utopie, für andere war er die Wirklichkeit, für die einen das Ideal, für andere ein Fiasko. Und für die Übrigen blieb er ein Versuch, an dem man sich mehr oder weniger beteiligen konnte.

Während jenseits der Mauer Udo Lindenberg «Hinterm Horizont geht's weiter» sang, gingen auf unserer Seite die Genossen erst einmal «dem Morgenrot entgegen». Irgendwie hetzten wir schon immer hinterher.

Die DDR war zweifellos eine eigene Welt. Hier wurde das politische Bewusstsein geschärft, und trotzdem blieb es stumpf. Hier wurden sinnvolle Botschaften so lange heruntergebetet, bis sie ihren Sinn verloren. Hier wurden Losungen gebrüllt, bis einen die Worte beim besten Zuhören nicht mehr erreichen wollten. Hier war so vieles anders, auch weil ein eigenes Deutsch gesprochen wurde. Die volkstümelnde Partei konnte sich einfach nicht volkstümlich ausdrücken.

Die Formulierungen hatten keinen Stil, und manchmal waren so viele Substantive in einem Satz, dass man ihn gar nicht mehr verstand: «Im Ergebnis der Beratung des Zentralkomitees der Sozialistischen Einheitspartei Deutschlands mit den 1. Sekretären der Kreisleitung wurde das hohe Tempo der Einführung von Schlüsseltechnologien und ihrer ökonomisch effektiven Anwendung dank der neuen Initiativen zur Verwirklichung des IX. Parteitages fortgesetzt.» Oder: «Auf dem Bundeskongress des Demokratischen Frauenbundes Deutschlands im Palast der Republik verfolgten die Delegierten während der zweitägigen Aussprache, wie unter Führung der Partei der Arbeiterklasse, fest verbunden mit allen gesellschaftlichen Kräften, die in der Nationalen Front der DDR gemeinsam für die weitere Gestaltung der entwickelten sozialistischen Gesellschaft in unserem Lande einstehen, die Aufgaben in Angriff genommen und die hohen und begeisternden Ziele, die für die Stärkung unseres sozialistischen Staates gestellt sind, mit ganzer Kraft erfüllt werden.»

Nicht erst die Mauer verhinderte den Überblick, sondern schon die Schachtelsätze. Es gab viele Kommunikationsfallen: Aus Selbstverständlichkeiten wurden Parolen und aus Vorhaben Programme, aus Sympathie wurde Überzeugung und aus Behauptung Agitation. Möglicherweise war das Scheitern der DDR am Ende nur ein Missverständnis. Weil die Diktatur des Proletariats ihre eigene Diktion nicht mehr erfasste.

Zumindest war die marxistisch-leninistische Weltanschauung tatsächlich eine, denn ihre Theorie fiel mit der Praxis zusammen, so wörtlich wurde sie genommen. Dabei war es nicht beängstigend, dass der Blickwinkel ein marxistisch-leninistischer war, es war vielmehr bedauerlich, dass die Welt nur angeschaut wurde und nicht durchschaut oder überschaut. Eine feste Einstellung wurde mit einem starren Blickwinkel verwechselt. Wenn man jedoch auf eine ernsthafte Auseinandersetzung mit dem politischen System verzichtete, dann war es ganz einfach, unbedarft und sorglos in dieser Schizophrenie zu leben.

Manchmal sprach man sich freilich schon deshalb nicht gegen den Staat aus, weil man die Heimat mit ihrem morbiden Charme liebte. Alle wussten, dass die kleine DDR auch die größte war und die hässliche auch die schönste. Denn die DDR war die einzige der Welt. Und sie durfte nicht einfach aufgegeben werden, konnte aber auch nicht so weiterexistieren wie bisher. Deshalb sollten von nun an neben den brillanten Vordenkern auch die Menschen aus dem Volk ihre eigenen Gedanken formulieren.

In Lichtenberg, dem Ort meiner Kindheit, gab es plötzlich eine Gelegenheit dazu. Ich hatte längst nur noch eine melancholische Beziehung zu diesem Stadtteil. Er war für mich ereignislos, selten geschah dort etwas Unerwartetes. Und ausgerechnet in Lichtenberg, in der Erlöserkirche, organisierten die Künstler ihre Veranstaltung «Wider den Schlaf der Vernunft».

Die Kirche war günstig gelegen. Das Gebäude stand relativ weit von der Straße entfernt, zudem war das Gelände groß, und es bot viel geschützten Raum. Wegen dieser Unübersichtlichkeit konnte es nicht so schnell zu Festnahmen kommen. Deshalb fanden hier schon früher die berüchtigten Bluesmessen und Friedenswerkstätten statt. Ich kannte sie nur vom Hörensagen. Doch nun passierte in meinem alten Kiez, in meiner Kirche, etwas, an dem ich teilhaben wollte.

Vor einundzwanzig Jahren wurde ich hier getauft, nach Johannes 3,16: «Denn also hat Gott die Welt geliebt, dass er seinen eingeborenen Sohn gab, auf dass alle, die an ihn glauben, nicht verloren werden, sondern das ewige Leben haben.» Dieser Taufspruch war natürlich ungerecht, denn wer nicht an den Himmlischen glaubte, würde demnach irgendwann irgendwo verloren gehen. Dabei wusste niemand, ob es tatsächlich so war. Niemand konnte eine Antwort darauf geben, was geschieht, wenn man sein Leben lang dem Glauben widerstanden hat. Gibt es dann auch eine offizielle Strafmaßnahme? Kommt man vielleicht mit 250,75 Mark davon? Hier auf Erden jedenfalls konnte ich meinen Glauben an die DDR verlieren und einen Anwalt damit beauftragen, mich zu verteidigen. Und der setzte Himmel und Hölle in Bewegung, damit ich nicht einmal das Geld bezahlen musste. Ja, er ging sogar noch weiter und beantragte ein Ermittlungsverfahren gegen jene Ermittler, die gegen Dirk und mich ermittelt hatten. Plötzlich hatte man das Gefühl, etwas gegen Ungerechtigkeiten tun zu können. Am 28. Oktober 1989 brauchte ich für ein bisschen Widerstand nur über die Straße zu gehen.

Etwa siebzig Künstler wollten sich an jenem Abend zu den Zuständen in der DDR äußern. All das, was sie schon in Resolutionen forderten, und noch mehr sollte zur Sprache kommen. Die Kirche war völlig überfüllt. Viertausend Menschen hatten sich in und vor ihr zusammengefunden, am Eingang wurden noch schnell provisorisch Lautsprecher angebracht. Alle wollten lernen, sich endlich um das zu kümmern, was sie angeht.

Professor Heinrich Fink von der Humboldt-Universität las Gedächtnisprotokolle zu den Festnahmen vom 7. Oktober vor, die Schriftstellerin Christa Wolf verlangte eine Untersuchungskommission, die sich mit den polizeilichen Übergriffen befassen sollte. Ihre Kollegen Daniela Dahn, Günter de Bruyn, Stefan Heym und Christoph Hein forderten grundlegende Veränderungen in der DDR. Es ging um Meinungsfreiheit, Informationsfreiheit, Wahlfreiheit und Reisefreiheit, um Bürgerpflicht, Meldepflicht und Wehrpflicht. Es sprach die Opposition.

Was in der Kirche vor sich ging, war Geschichte in Aktion. Es war neu, mutig, vielleicht auch gefährlich. Das war mir aber gar nicht bewusst. Ich saß hinter der Bühne mit Freunden um einen wärmenden Ofen, und in den kurzen Redepausen tauschten wir uns aus: In die ČSSR geht es nur noch mit Visum; es sollen jetzt mehr Jeans produziert werden; die aufmüpfige Zeitschrift «Sputnik» gibt es wieder am Kiosk zu kaufen; man kann sich um die Wohnungen von Flüchtigen bewerben …

Irgendwann betrat ein Sänger den Raum hinter der Bühne, und die Gespräche verstummten. Er hatte sich nie offiziell für Veränderungen eingesetzt. Eigentlich war er nur wie viele Menschen aus dem Publikum und aus dem Volk auch, die die Künstler gerade für sich zu gewinnen suchten. Doch die Musiker ignorierten ihren Kollegen. In jenem Moment wurde Widerstand in Profis und Amateure geteilt. Einfach so. Erst als Dirk den Mann zu sich winkte, verflog das eisige Schweigen. Auf der Bühne sprach Joochen Laabs gerade über Dialog und Glaubwürdigkeit.

Gut eine Woche später, am 8. November, traf ich mich mit Bianca. Sie war schon lange nicht mehr bereit, Dinge für wahr zu halten, bloß weil sie jemand verkündete. Sie vertraute nur ihrer eigenen Erfahrung.

Bis jetzt hatte sie es nicht geschafft, Maskenbildnerin zu werden. Als sie sich das erste Mal um einen Ausbildungsplatz bewarb, wurde sie hoffnungsvoll vertröstet. Auch beim zweiten und dritten Mal. Bianca wartete ab, bis es nichts mehr abzuwarten gab, und sie versuchte, ihrem Glück ausnahmsweise etwas nachzuhelfen. Sie stellte einen Ausreiseantrag.

Seit ihre Eltern von einer Westreise nicht zurückgekommen waren, wurde ihr das bei den entscheidenden Bewerbungen immer zum Verhängnis. Deshalb sah sie im Osten keine Zukunft mehr und meinte, ihre neue Freiheit läge wahrscheinlich woanders. Zwei Jahre wurde ihr Antrag bearbeitet. Als sie dann endlich eine Ausreiseerlaubnis bekam, war sie einfach nur enttäuscht. Als Termin wurde ihr der 10. November 1989 genannt.

Sie hatte gerade die Wohnung aufgelöst und die letzten behördlichen Hürden genommen, als es im Osten so spannend wurde wie nie zuvor und die Auffanglager im Westen wegen der Spontanflüchtlinge aus allen Nähten platzten. Es hieß, wir sollten diesen Flüchtlingen keine Träne nachweinen. Dabei war es irgendwie bedrückend zu sehen, wie diese Menschen Bianca zuvorkamen und ihr vor laufenden Kameras alles wegnahmen: eine Wohnung und einen Arbeitsplatz sowieso, aber vor allem den Triumph, die Mühlen des Systems überstanden zu haben, ohne daran zerbrochen zu sein. Sie hatten Biancas Happy End vermasselt. Und diese Menschen sollten keine Träne wert sein?

Vor ihrer Abreise wollte ich sie noch einmal sehen, um ihr viel Glück zu wünschen, was wirklich ernst gemeint war. Ich fragte: «Warum verzweifelst du eigentlich nicht? Du hättest alles Recht der Welt dazu.»

Bianca sagte: «Das würd ich gern tun. Aber wenn mir das Schicksal so viel zutraut, dann nur, weil ich so viel aushalte. Und wenn ich das wegschleppen kann, kann ich mir auch noch Hoffnung leisten.»

«Verlier da drüben bloß nicht deinen Optimismus.»

«Dafür werde ich erst mal keine Zeit haben. Und später wahrscheinlich keine Lust.»

«Das ist gut so. Auch wenn ich hier bleibe – ich bin sicher, dass wir uns wiedersehen. Absolut sicher.»

«Denkst du, ich nicht? Ich könnte sonst niemals hier mit dir sitzen.»

Von diesem Moment an vermisste ich Bianca schon. Wir umarmten uns fest, ganz fest, und noch fester glaubten wir an das, was wir gerade gesagt hatten.

Am nächsten Tag fiel die Mauer, und es gibt bis heute viele Erklärungen, warum sie fiel. Ich glaube, jeder hat seine.

7
Die neue Zeit hat uns geküsst

Mit der Geburt fängt das menschliche Hirn an zu arbeiten. Hat man Glück, bildet es sich mit den Jahren heran. Aber manchmal hört das Hirn mit seiner Arbeit einfach auf, etwa wenn man gerade eine Rede hält oder eine Entscheidung trifft. Die zuverlässigste Situation, in der einen der Geist im Stich lässt, ist jedoch diese: im Zustand der Verliebtheit. Mein Verstand hat mich deshalb seit längerem verlassen.

Mein Gefühl meint, die kleine Pause habe er sich verdient.

Seit einem Jahr war ich in meinen eigenen Ehemann verliebt, Eric hatte mir einen zauberhaften Sohn spendiert, und Mamel nahm die Dinge sorgloser. Das Glück zeigte sich von seiner besten Seite, mein Leben war ein Cocktail aus lauter Wünschen, die sich erfüllten. Eine Steigerung schien nicht mehr möglich.

Es war also nur eine Frage der Zeit, bis etwas aus den Fugen geraten würde.

Am Abend des 9. November 1989 gaben Die Zöllner ein Konzert im «Haus der jungen Talente». Dieses Haus war für mich ein besonderes. Denn auf den Bühnen des Barockpalais spielten sich die Dinge ab, von denen ich schon als Mädchen annahm, sie gehörten so und nicht anders zum hauptstädtischen Leben unterm Fernsehturm. Hier probten Tanzgruppen, und es gab Musikunterricht. Hier trafen sich Liedermacher, und hier war auch die Heimstatt des DDR-Jazz. Es wurde gefeiert und getrunken, diskutiert und getrunken, gelebt und getrunken – bis in die frühen Morgenstunden. Hier gab es unter einem Dach so viele Räume wie Meinungen. Das Haus war ein großer Club, in dem man zusammenkommen oder sich mühelos aus dem Weg gehen konnte.

An jenem Abend kam ich erst spät von der Volkshochschule zurück, wo ich noch immer das «massenwirksame Schreiben» lernte. Ich hatte gerade etwas erfahren über «die Gewinnung der Werktätigen für die Interessen der Arbeiterklasse» – gemeint war, die Menschen möglichst populistisch anzusprechen, aber das ging ja nicht, wegen der Substantive. Ich saß über meinem Text und zerbrach mir den Kopf, schrieb etwas nieder, das ich schon beim ersten Durchlesen nicht mehr verstand, schnappte meine Tasche und fuhr zu Mamel, um sie für meine Interessen zu gewinnen, für meine privaten Interessen. Die bestanden darin, Raouli bei ihr zu lassen, weil ich noch ins «Haus der jungen Talente» wollte. Doch dann unterhielt ich mich mit Mamel zu lange über Gott und die Welt, über das System und seine Probleme, über Hydropflanzen und Tante Erika. Am Ende des Abends konnte ich nur noch Raouli an die Hand nehmen und nach Hause fahren. Dort angekommen, fielen wir vor lauter Müdigkeit um und schliefen sofort ein. Wir hatten ja keine Ahnung, dass wir gerade das merkwürdigste Konzert verpassten.

Nachts um zwei weckte mich Dirk. Wenn ich um diese Uhrzeit von ihm wachgerüttelt wurde, gab es nur drei Möglichkeiten: Entweder war ihm gerade ein neuer Text eingefallen, der beurteilt werden wollte, oder eine neue Melodie, die vorgespielt werden musste, oder er konnte nicht schlafen und fühlte sich einsam. Also fragte ich Dirk: «Was ist es?»

«Es ist was Schreckliches. Ich bin einsam.»

«Aber wieso ist das schrecklich? Du fühlst dich immer einsam, wenn ein Konzert vorbei ist.»

«Ja, aber diesmal ist es keine Melancholie, diesmal ist es Wirklichkeit.»

«Was ist denn passiert?»

«Ich kann es selbst kaum glauben, aber die Mugge ist vor meinen Augen zusammengefallen.»

«Was soll das heißen, zusammengefallen? Es war doch ausverkauft.»

«Ja, schon. Aber mitten im Konzert sind die Leute abgehauen. Erst ein paar, dann immer mehr. Zum Schluss stand nur noch die Frau des Saxophonisten vor der Bühne und wippte mit dem Fuß.»

«Das ist nicht möglich. Warum denn?»

«Ich weiß es nicht. Ich hoffe nur, dass irgendwas passiert ist. Alles andere würde ich nicht verkraften.»

«Na, was soll denn passiert sein?»

«Keine Ahnung. Jedenfalls steht auf den Straßen ein Trabbi neben dem anderen. Sogar unser Hinterhof ist völlig zugeparkt. Die sind von überall hergekommen. Aber es sind keine Leute zu sehen.»

«Das klingt ja gespenstisch. Lass uns ins Bett gehen und eine Nacht drüber schlafen.»

Am nächsten Morgen klingelte das Telefon. Ein Redakteur von Sat.1 lud Dirk in seine Sendung ein. «Ist das nicht phantastisch?», sagte er dabei immer wieder. «Ist das nicht absolut phantastisch?» Nach dem Telefonat erklärte mir Dirk, dass wir die Maueröffnung verschlafen haben sollen. Aber das haben wir nicht geglaubt.

Am übernächsten Tag trat Dirk morgens im RIAS-TV auf, mittags bei Sat.1 und abends in Ostberlin. Im Palast der Republik. Wir waren fassungslos und überwältigt. Für einen Moment war die Größe und der Stolz einer Gemeinschaft nicht nur beschworen worden, sondern tatsächlich zu fühlen. Als bei dem Konzert am Abend die Nationalhymne der DDR gespielt wurde, schauten wir uns an und mussten weinen. Wir konnten es uns nicht erklären.

Dafür erklärten uns andere zwar nicht die Situation, aber wie man sich jetzt am geschicktesten anstellen müsse: Gleich nach der Veranstaltung kam ein Kulturfunktionär vom Palast der Republik auf uns zu und berichtete, wie er in Westberlin zweimal Geld umgetauscht habe – einmal mit seinem Pass und einmal mit seinem Personalausweis. Er wollte uns auch einen dritten Weg empfehlen. Wir waren nicht interessiert, denn wir hatten uns noch nicht entschieden, wie wir die Lage beurteilen sollten.

Wenige Tage zuvor, als am 4. November die Leute auf die Straße gingen und «Wir sind das Volk» riefen, waren die Empfindungen eindeutig. Zumindest für uns. Aber schon als sich nach der Demo einige Initiatoren und Künstler in einer FDJ-Villa in Weißensee trafen, gab es die ersten bedenklichen Töne. Die Bürgerrechtlerin Bärbel Bohley meinte da bereits: «Jetzt geht es nur noch um Wiedervereinigung.» Dirk entgegnete: «Ihre Trauermiene, Ihre Depressivität geht mir auf den Nerv.» Doch nun, eine Woche darauf, waren wir verunsichert.

Plötzlich wurde die Losung «Wir sind das Volk» in «Wir sind ein Volk» korrigiert und später mit den Wahlen am 18. März 1990 auch bestätigt. Dirk und ich glaubten da noch an reinen Übermut. Es dauerte, bis wir begriffen, dass es nach der Ouvertüre gleich zum Finale gegangen war.

Vom Tag des Mauerfalls an wurde um uns herum alles grenzenlos: der Optimismus und der Pessimismus, die Hoffnung und die Angst, der Glaube und der Zweifel. Wir erhoben unser Nichtwissen zur Religion. Dirk und ich entschieden uns lediglich für freudige Skepsis und skeptische Freude. Wir befanden uns im Zustand bleierner Schwerelosigkeit. Mehr war nicht drin.

Es gab zu viele Erklärungen, die immer wieder neue Stimmungen und Eindrücke erzeugten. Ostler fühlten sich befreit oder erobert und sparten nicht mit gegenseitigen Vorwürfen. Westler fragten sich, was sie von der Vereinigung hatten, oder sie taten, als betreffe sie das alles nicht – sofern nicht ihre Ostverwandtschaft plötzlich vor der Tür stand. Und Politiker versuchten, die Enttäuschung gleichmäßig zu verteilen und den Menschen einzureden, sie könnten auch in Zukunft die Veränderungen mitbestimmen. Jeder erklärte die Lage anders. So konnte jeder seine eigenen Irrtümer erleben.

Glücklicherweise wartete ich weder darauf, dass andere mir irgendwelche Versprechungen erfüllten, noch auf blühende Landschaften. Deshalb konnte ich auch nicht so leicht enttäuscht werden. Stattdessen passte ich lieber auf, dass mir mein Leben nicht abhanden kam. Dass es mir nicht schlechter gehen sollte, hatte ich mir sowieso schon selbst versprochen.

Nach dem Abschluss an der Volkshochschule und der Empfehlung unseres Dozenten, es langsam als freie Mitarbeiterin zu versuchen, bewarb ich mich noch im Dezember 1989 in der Redaktion der «Berliner Zeitung». Für die hatte vor zwanzig Jahren schon mein Vater geschrieben – und außerdem hatten wir sie abonniert. Eine Dame aus der Kaderabteilung legte meine Reportagen zur Seite und konzentrierte sich auf meinen Lebenslauf. Nachdem sie ihn gelesen hatte, muss sie meine Bewerbung als große Frechheit empfunden haben. Sie bemühte sich erst gar nicht, diplomatisch zu erscheinen, drückte mir die Manuskripte – ohne sie angeschaut zu haben – in die Hand und floskelte mich mit einem Weiterhin-viel-Erfolg-Lächeln und einem Das-wird-nie-was-Blick hinaus. In einer Zeit, in der es hieß, dass alle Mauern fallen würden, sah ich die größte meines Lebens vor mir.

Völlig niedergeschlagen begab ich mich in die Kantine des Verlags, ein paar Etagen tiefer, bestellte einen Tee und überlegte, wie ich am besten damit klarkommen würde, dass vielleicht alles umsonst gewesen war. Aber ich merkte, dass ich damit nicht klarkommen würde. Mein leerer Blick fiel auf den Stuhl gegenüber, auf den sich bald ein Mann setzte. Er trug ein kariertes Hemd, mehr nahm ich nicht wahr. Ich schaute in die Karos, schaute in den Tee und sah schließlich seine Karos in meinem Tee schwimmen. Das war die Quadratur des Kreises. So wenig wie ich mir die Karos wegdenken konnte, so wenig Einfluss hatte ich in diesem Augenblick auf mein Leben. Ich fühlte mich ausgeliefert.

Ich weiß nicht, wie lange der Mann schon dasaß. Aber irgendwann sprach er mich mit der Feststellung an: «Sie sehen ja so niedergeschmettert aus.»

Ich sagte: «Das ist komisch. Eigentlich müsste ich an der Decke schweben, in meinem Kopf macht sich nämlich gerade ein riesiges Vakuum breit.»

«Und das Vakuum lässt sich nicht wieder auffüllen?», fragte er.

«Bedaure, alles halbwegs Aufgefüllte hat sich soeben verabschiedet.»

«Was ist denn passiert?»

Irgendwie war ich dem wildfremden Mann dankbar für seine Fragen. Denn dadurch, dass ich ihm antwortete, wurde mir langsam klar: Ich hatte gerade die erste unwiderrufliche Ablehnung in meinem Leben erfahren – nicht mehr und nicht weniger. Mir wurde klar, dass ich bis dahin immer auf der Sonnenseite gestanden hatte und meine Probleme ausschließlich hausgemachte waren. Dass ich im Grunde nicht viel vom Leben wusste, weil ich das große Scheitern überhaupt nicht kannte. Ich erzählte dem Mann alles ganz ehrlich, obwohl ich mich ein bisschen schämte, es hatte so etwas Mäuschenhaftes, Schwächliches. Ich kam mir so armselig vor, wie ich dasaß und nichts zu verlieren hatte.

Als ich fertig war mit meiner Geschichte, die jedem passieren konnte und die doch so bedrückend war, wenn man sie selbst erfuhr, ließ sich der Mann die Manuskripte geben und meine Telefonnummer. Er meinte, er könne möglicherweise etwas für mich tun. Ich hielt das für unwahrscheinlich.

Eine Woche später bekam ich ein Angebot von der «Jungen Welt».

Die «Junge Welt» war damals die größte Tageszeitung der DDR. Eigentlich war sie ein Organ der FDJ, und die Freie Deutsche Jugend wiederum war seit 1946 die Kampfreserve der Partei der Arbeiterklasse. Als solche war sie bis zum November 1989 natürlich linientreu. Doch dann entließ der FDJ-Zentralrat seine Führungsriege, und vieles wurde spannend in der «Jungen Welt». Beim Jugendverband selbst änderte sich auch etwas: die Schreibweise. fdj wurde von nun an klein geschrieben.

Ich aber unterschrieb erst mal ganz groß meinen neuen Arbeitsvertrag – bei jenem Mann mit dem karierten Hemd, dem Kaderchef der «Jungen Welt». Er bot mir fürs Erste einen Job in der Leserbrief-Abteilung an, was 1990 eine größere Herausforderung war, als ich zunächst annahm. Denn die Leser stellten in der Wendezeit lauter unbequeme Fragen, ließen noch mehr Frust ab und schütteten so viele Gedanken über einen aus, dass meine neue Arbeit gleichzeitig meine eigene Orientierung schulte. Letztlich war dieses Ressort ideal, um mir eine Meinung zu bilden und sie zu festigen, bevor ich von ihr berufsmäßig Gebrauch machte.

Schon drei Monate später erhielt ich einen Platz im neu geschaffenen Lifestyle-Ressort und einen Vertrag als Korrespondentin. Von da an war ich neun Monate lang in Berlin, Rotterdam, Paris und im Glück. Aus meinem angenommenen Pech wurde für mich am Ende ein unverschämter Erfolg, weil ich zum richtigen Zeitpunkt noch eine Tasse Tee getrunken habe. Mamel sah mit Freuden ihre einzige Aufgabe darin, mich davor zu warnen, nicht abzuheben. Und das war ein Zeichen dafür, dass sie stolz war.

Der Wunsch, eines Tages dort zu arbeiten, wo schon mein Vater schrieb, hatte sich erfüllt. Seit einem Jahr ging ich in dem Gebäude ein und aus, in dem auch die «Berliner Zeitung» ihre Räume hatte – ich saß lediglich in einer anderen Etage. Es gab keinen Grund, etwas hinterherzutrauern, und doch pflegte ich, nur so für mich allein, hin und wieder eine kleine Abneigung gegen die «Berliner Zeitung», weil ich mich noch lange von ihr gekränkt fühlte. Nach einer Weile aber war sie mir egal. Jedenfalls glaubte ich das.

Im Dezember 1990 jedoch bot mir die «Berliner Zeitung» an, ein geplantes Szene-Ressort mit aufzubauen. Das hätte mich wirklich interessiert, aber ich lehnte ab. Weniger aus Groll als aus Verbundenheit. Denn ich hatte der «Jungen Welt» so viel zu verdanken, dass ich gar keinen Anlass sah, dort aufzuhören. Ich fühlte mich wohl. Ich musste keine Kanongesänge anstimmen, meine Meinung wurde nicht gebeugt, und ich hatte Kollegen, die ich für ihre Chuzpe achten konnte. Die Redaktion lebte.

Man riet mir, darüber nachzudenken, ob die Redaktion auch überleben würde. Innerhalb eines Jahres war die Auflage von 1,5 Millionen Exemplaren auf 200.000 abgestürzt. Das war gemessen an den fdj-Mitgliedern gar nicht so dramatisch, denn von den einst 2,5 Millionen Mitgliedern wollten sich nicht einmal mehr tausend jung, frei und deutsch organisieren. Ich aber fand das wenig beängstigend. Die Menschen durften jetzt schließlich lesen, was sie wollten. Ich konnte ihnen doch nicht verübeln, dass sie dasselbe taten wie ich, dass sie sich orientierten. Für mich war das keine düstere Prognose, sondern der Zeit gemäß. Unzeitgemäß wäre es gewesen, deswegen gleich das Handtuch zu werfen.

Am Vorweihnachtstag bekam ich noch einmal eine Anfrage. Ein paar Stunden später saß ich in der früheren Kaderabteilung, die nun Personalwesen hieß. Die Dame, die mir damals keine Hoffnungen machte, wurde Zeugin eines Gesprächs, in dem mir ein Ressortleiter dringend nahe legte, mich zu entscheiden. Er schwärmte von dem neuen Projekt, dichtete meine Arbeit an seine Vorstellungen heran und bot ein lebensbejahendes Gehalt. Unverhofft schnell war ich versöhnlich gestimmt. Doch mehr als ein entschiedenes Vielleicht konnte ich mir nicht abringen. Ich hatte noch eine Nacht Bedenkzeit. Am Abend beriet ich mich mit meiner Familie. Mamel meinte nur, ich hätte mich doch längst entschieden, und Dirk sagte, ich solle mich nicht nur geschmeichelt fühlen, sondern auch was daraus machen. Ich hatte ein schlechtes Gewissen, aber sie hatten Recht.

Eine Woche später fing ich in der Zeitung an, in der ich mich ein Jahr zuvor hoffnungsfroh beworben hatte – und fühlte mich überhaupt nicht gut dabei. Mein schlechtes Gewissen erfüllte noch lange seine Pflicht. Ich kam mir der «Jungen Welt» gegenüber vor wie ein falscher Patriot, wie jemand, der nur behauptet, seiner Heimat treu zu sein, und in Wahrheit bei einer günstigen Gelegenheit die Fronten wechselt. Aber die Wahrheit war wohl, dass es die Wahrheit nicht gab.

Dirk meinte das schon lange. Er war einer, der dem Erfolg nicht traute. Obwohl uns die neue Zeit geküsst hatte, blieb er ungläubig. Er verließ sich auf nichts. Schon gar nicht auf das Showgeschäft, von dem er lebte, das er liebte und von dem er meinte, dass es alles und gleichzeitig nichts war.

Alles im Leben war nur Behauptung.

Eine Behauptung etwa war, dass es die Ostkünstler in der Nachwendezeit sehr schwer hatten. Kaum einer sprach davon, dass es ihnen vorher, wenn sie erst einmal erfolgreich waren, oft sehr leicht gemacht wurde. Insofern stimmte die Behauptung zwar, war aber nicht die Wahrheit. Und deshalb blieb es eine Behauptung.

In Wirklichkeit gingen die Künstler mit der neuen Situation recht unterschiedlich um. Einige wandten sich noch gewohnheitsgemäß an die fdj und forderten: «Wir brauchen Muggen!», «Text braucht Raum!» oder «Unser Auto braucht neue Reifen!» Andere gaben auf und machten Kneipen, Boutiquen oder die Fahrgasttür eines Taxis auf. Wieder andere konnten vom Weitermachen leben und sich sogar Träume erfüllen: ein eigenes Tonstudio, eine unzensierte Platte oder einen Auftritt im Vorprogramm eines Idols. Oder sie dachten, sie bräuchten nichts für ihren Erfolg zu tun, weil sie schon in der DDR berühmt waren.

Dirk war im neuen Deutschland angekommen. Er hatte zwar noch kein Tonstudio, aber dafür war die erste Platte erschienen, und Die Zöllner waren als Vorgruppe von James Brown aufgetreten. Seine Band, die 1989 noch von der Generaldirektion für Unterhaltungskunst als Exportartikel für das nichtsozialistische Ausland vorbereitet wurde, exportierte sich längst selbst.

Von Anfang an ist Dirk mit seiner Band für wenig Geld durch westdeutsche Clubs getourt, obwohl ihm gestandene Musikerkollegen davon abrieten. Viele aus der Ostprominenz meinten zu wissen, dass man sich auf gar keinen Fall «unter Wert» verkaufen dürfe. Aber Dirk tingelte hartnäckig weiter und erspielte sich so allmählich ein paar Hochburgen, etwa in Koblenz, Köln, Bonn und Hannover. Die Ratgeber, die immer so gut wussten, «was man nicht tun sollte», warteten unterdessen auf die großen Angebote, doch die kamen nur noch selten. Es reichte nicht mehr, als Ostband einen Namen gehabt zu haben, es zählten nur volle Clubs und Säle, und Die Zöllner füllten sie mit der Zeit immer öfter. So kam es, dass einige Musiker, die Dirk früher bewundert hatte, plötzlich seine Nähe suchten und ihn um Rat baten. Doch Dirk konnte keinen Rat geben, denn er tat nur das, was er nicht lassen konnte. Nichts anderes.

Beispielsweise konnte er es auch nicht lassen, eine Überzeugung zu haben, obwohl er selbst am besten wusste, dass alles nur Behauptung war. Dennoch trat er aus reiner Überzeugung für die PDS auf. Dabei musste er sich oft fragen lassen, ob er ein schlechtes Gedächtnis hatte. Nein, hatte er nicht. Er war von Gregor Gysi fasziniert. Was sollte daran so unverständlich sein? Und auch am Sozialismus oder Kommunismus gab es im Grunde nichts auszusetzen, nur an seinem Missbrauch.

Dirk wusste, wovon er sprach, denn gerade die kommunistischen Verhältnisse in seiner eigenen Band – jeder bekam dasselbe Honorar, jeder hatte Stimmrecht, jeder war gleich wichtig – waren seiner Arbeit wenig dienlich. Das basisdemokratische Gehabe der Band brachte zwar ein Gefühl der Gerechtigkeit, aber selten Klarheit. So spielten Die Zöllner ebenfalls auf Veranstaltungen der SPD und der Grünen. Das war die Bandbreite. Dirk, der immer ehrlich sein wollte, geriet oft in Rechtfertigungszwang, denn er war der Kopf der Band und hatte nach außen hin alle Entscheidungen zu vertreten. Auch die, die nicht die seinen waren. Für ihn war dabei eine Erfahrung am schmerzlichsten: Er musste erst im Westen ankommen, um zu verstehen, dass Kommunismus am besten funktioniert, wenn möglichst keine Menschen daran beteiligt sind.

Es gab eigentlich niemanden, der alle Interessen der Bandmitglieder unter einen Hut bekommen konnte – außer Dirks Managerin. Sie hieß Grit und war ein Romy-Schneider-Typ. Grit hatte nicht nur die streng nach hinten gekämmten Haare, das ebenmäßige Gesicht, die feine Nase und die mandelförmigen Augen, nein, sie war auch noch schlank und hatte unverschämt lange Beine. Schon durch ihre unübersehbare, fast beängstigende Gepflegtheit fiel sie auf. Und ebenso beängstigend war ihre Unnachgiebigkeit. Grit sah also sehr weiblich aus, dachte aber sehr männlich. Mit diesen Eigenschaften konnte sie optimal wirtschaften. Sie nahm die Dinge in die Hand und erledigte sie, bevor diese sie erledigt hatten. Sie leistete Überzeugungsarbeit, schaffte Voraussetzungen, verhandelte zäh und ordnete nüchtern die Verhältnisse der Musiker, manchmal selbst die privaten.

Grit tat viel Gutes für die Band. Umgekehrt empfand sie es wohl nicht so. Jedenfalls meinte sie immer, sie habe einen vierzehnköpfigen Kindergarten, die Versammlung der störrischsten Dickköpfe, den Fleisch gewordenen Schrecken zu verwalten. Im Grunde war sie natürlich gern Erzieherin. Und wenn die Kinder brav waren, verteilte sie auch schon mal Lob. Wer aber auf Abwege geriet, wer meinte, es wäre dumm, Versuchungen zu widerstehen, bekam zu spüren, wie dumm es war, das nicht getan zu haben – keine Musikerfrau bekam ihren Mann annähernd so gut in den Griff. Alle, die zu Hause noch behaupteten, sie seien eben Künstler und lebten deshalb anders, wären bei Grit nie auf die Idee gekommen, sich damit herauszureden. Und Grit genoss es, den Musikern klar zu machen, dass sie mit ihr auskommen mussten. Dafür, dass sie spurten, bewältigte sie auch deren Pensum. Und das war beachtlich.

Bei uns zu Hause an der Wand hing der aktuelle Tourplan der Zöllner, damit ich jederzeit wusste, wann Dirk da war, oder genauer: wann er mal nicht weg war. Denn er war beinah rastlos unterwegs, gab bis zu zwanzig Konzerte im Monat und ging oft noch nachts ins Plattenstudio. Der Plan hing im Wohnzimmer über dem Telefon, während ich meist am Telefon hing, um unsere Familie nach Plan zu organisieren. Wir mussten im wahrsten Sinne mit Dirk rechnen.

Eines Tages aber hörte ich einfach auf mit dieser Planerei. Ich hoffte nicht mehr auf eine gerechte Rollenverteilung und beschloss, so zu tun, als wäre ich allein erziehend, als gäbe es nur Raouli und mich, und hin und wieder bekämen wir Besuch. Das klappte meist ganz gut – bis ich mich auf einmal fast zu Tode erschrak.

An einem ganz normalen allein erziehenden Tag stand ich mit Raouli vor unserer Wohnungstür und hörte kurz vor dem Aufschließen eine Stimme von drinnen. Vorsichtig zog ich den Schlüssel wieder aus dem Schloss und überlegte, was zu tun sei. Sollte ich die Polizei holen? Oder bei den Nachbarn klingeln? Ich schaute besorgt zu Raouli hinunter, als er sagte: «Vielleicht ist es Papa?!» Auf den Gedanken war ich nicht gekommen.

Ich schloss auf und sah, dass Dirk im Wohnzimmer saß und telefonierte. Mein Verstand sagte mir, wenn ich mich wegen Dirks bloßer Anwesenheit erschrak, stimmte etwas nicht. Und durch meinen Mund sagte er es auch Dirk: «Es ist komisch. Etwas stimmt nicht, wenn du zu Hause bist.»

Dirk sagte: «Ist es vielleicht der Umstand, dass ich zu Hause bin?»

«Ja, ich glaube, das ist es.»

«Haben wir uns möglicherweise ein bisschen entfremdet?»

«Ein bisschen zu viel, fürchte ich. Aber vielleicht fällt mir was ein.»

Ich hatte keine Ahnung, wie Dirk und ich bei den vielen Trennungen das Fremdwerden vermeiden konnten. Deshalb ging ich die Sache erst mal von der praktischen Seite an. Zunächst sollte Dirk, wenn er zu Hause war, Raouli zum Kindergarten bringen. Auch wenn er Künstler war und erst morgens nach Hause kam. Auch wenn er dann nicht ausschlafen konnte.

Am nächsten Tag, ich hatte kaum das Haus verlassen, wachte Dirk mit Zahnschmerzen auf. Das jedoch war der falsche Tag, denn heute sollte Dirk zum Vater geschlagen werden. Heute wollte er die ganze Schicht übernehmen.

Die Zahnschmerzen wurden immer schlimmer. Dirk überkam mittelgroße Panik. Er verabreichte Raouli zum Frühstück einen Joghurt und ein Sahnetörtchen, raste mit ihm im Taxi nach Lichtenberg, Raouli pullerte auf den Rücksitz, der Fahrer tobte, sie hielten vor dem Kindergarten, das Taxi wartete, Dirk wollte Raouli abliefern, Raouli übergab sich, die Kindergärtnerin lehnte es daraufhin ab, ihn aufzunehmen, Dirk packte das Kind, und sie fuhren mit dem Taxi zurück nach Hause. Ich war gerade zwei Stunden in der Redaktion, als ich einen Hier-ist-Chaos-Anruf bekam.

«Abini, du musst kommen.»

«Ich kann jetzt nicht.»

«Aber Raouli ist krank.»

«Um Gottes willen, dann geh mit ihm zum Arzt.»

«Aber ich bin auch krank.»

«Ich bitte dich, wenn das Kind krank ist, spürt man keinen eigenen Schmerz.»

Dirk legte verzweifelt auf und tigerte durch die Wohnung. Raouli hatte ein kleines Häufchen ins Wohnzimmer gemacht, Dirk war mindestens zwanzigmal durchgelaufen. Als er es bemerkte, setzte er sich mit seiner dicken Backe in die Ecke und weinte. Dann griff er wieder zum Telefon:

«Abini, jetzt musst du kommen.»

«Das geht nicht, ich hab noch einen Termin. Du wirst doch mit dem Kind zum Arzt gehen können.»

Aus dem Umstand, dass Dirk nicht mit mir diskutierte, folgerte ich, dass es vielleicht etwas Ernsteres war. Denn sonst setzte er seine Interessen immer durch. Doch diesmal hatte Dirk die Umstände um sich herum nicht im Griff. Diesmal beherrschten die Umstände ihn. Aber ich konnte wirklich nicht weg.

In seiner Not rief er Grit an, die nicht nur seine Managerin, sondern auch seine Exfreundin war. Grit, meine direkte Vorgängerin, behauptete oft, sie sei froh darüber, Dirk nicht mehr versorgen zu müssen. Aber sie tat es öfter als ich. Sie verbrachte die meiste Zeit mit meinem Mann, sie erledigte viel mehr Dinge für ihn, sie erlebte viel mehr mit ihm. Mein weiblicher Instinkt war misstrauisch, und Dirk nahm darauf immer Rücksicht. Aber dieser Tag war eine Ausnahme. Dirk konnte keine Rücksicht nehmen. Dirk brauchte die Hilfe, die ich ihm verweigerte. Und er wusste, bei einem Du-musst-kommen-Anruf würde Grit sich sofort auf den Weg machen.

Grit kam also und kümmerte sich um Raouli, damit sich Dirk um seine dicke Backe kümmern konnte. Nachdem ihm ein Weisheitszahn gezogen worden war, konnte er sich noch nach Hause schleppen, dann fiel er ins Koma. Als er die Augen wieder aufschlug, sah er als Erstes mich als Racheengel in der Tür stehen.

Ich war zutiefst verbrummt, weil ich mit Dirk nichts verabreden konnte, ohne vorher testen zu müssen, ob er sich dafür eignete. Ich war verbrummt, weil ich ihn nicht zum Vater schlagen konnte, weil Grit jetzt auch noch unser Privatleben in die Hand nahm, weil ich nun als Ungerechte dastand, obwohl doch Dirks Zahnschmerzen ungerecht waren. Als ich all meine Vorurteile von der Tür aus bestätigt sah, wurde ich so sauer, dass ich glaubte, unsere Zukunft ließe sich nicht mal mehr im Kaffeesatz lesen.

Aber was war eigentlich passiert? Wir hatten die Grenze unserer Belastbarkeit überschritten. Dirk wurde mit Notwendigkeiten konfrontiert – und mit meiner Überzeugung, mit ihnen müsse man so umgehen, wie ich es tat. Das hatte nicht funktioniert, denn zu keinem Zeitpunkt bestand die Gefahr, dass einer von uns beiden den anderen überzeugte. Am Ende jammerte die kleine Familie; die Jungs, weil sie nicht auf dem Posten waren, und ich, weil ich die Spuren von Dirks Amoklauf durch Raoulis Häufchen aus dem Teppich wischen musste. Als ich damit fertig war, weinte sich Raouli in meinen Armen in den Schlaf. Der Tag schien wie ein nicht enden wollendes Fiasko.

Erst am späten Abend kamen wir zur Ruhe. Grit war noch immer pflichtbewusst vor Ort. Ich wusste nicht, ob sie das alles tat, weil sie sich um Dirk als Bandleader, als Arbeitgeber oder als Freund sorgte. Irgendwann war es mir auch egal. Schließlich tranken Grit und ich auf das Chaos und auf das Wohl derer, die mittlerweile vor lauter Schmerzen eingeschlafen waren. Von da an wurde die aufkommende Leichtigkeit zwischen uns mehr als erträglich. Wir mussten nicht länger mit Giftpfeilen schießen, um zu beweisen, dass die andere ein Gegner war. Wir krönten den Unglückstag einfach damit, dass wir Frieden schlossen.

Es war eine unbeschwerte Zeit, als ich endlich aufhörte, Rivalen zu verherrlichen, weniger drohte und mehr akzeptierte. Zwar fiel es mir schwer, meine Eifersucht auf einen leisen Verdacht zu beschränken, zwar hatte ich noch immer keine Ahnung, wie ich die tagelangen Trennungen von Dirk unbeschadet überstehen und unser Zusammensein unerschrocken genießen könnte. Aber ich leistete mir und gönnte Dirk allmählich etwas: Vertrauen. Und tatsächlich wurde es einfacher, das Familienglück zu leben und die Ehe von der Pflicht zu befreien und zur Kür zu erheben. Wir wurden wieder Geliebte.

Unser Glück wurde auch nicht dadurch getrübt, dass wir keine Kinder mehr bekommen würden. Am Anfang unserer Ehe hatte Dirk mir gesagt, dass er zeugungsunfähig sei. Nun, das war kein Problem, denn wir hatten Raouli, und ich brauchte mir endlich keine Vorwürfe mehr zu machen, dass ich schon wieder die Pille vergessen hatte. Kinder zu bekommen, war also für uns nie wieder ein Thema.

Ein zweites Kind hätte ich sowieso nicht gemeistert. Ich hatte viel zu tun in der Zeitung, viel zu besprechen mit Mamel, einiges zu unternehmen für die Band und überhaupt so manches Spannende zu entdecken. Und ich liebte Raouli so sehr, dass ich gar kein anderes Kind so hätte vergöttern können wie ihn. Es war gut, wie es war.

Außerdem waren wir damit beschäftigt, uns unsere Träume zu erfüllen. Wir gingen auf Konzerte von Musikern, die uns lange vorenthalten worden waren, wir schauten uns die Welt an und endlich auch New York. Wir wurden in VIP-Kreise eingeführt und lernten Menschen kennen, von denen wir schon gehört hatten. Solche, die viel Aufwand betrieben, um berühmt zu werden, und sich dann Sonnenbrillen anschafften, um inkognito zu bleiben – manche waren sehr enttäuscht, wenn ihnen das gelang.

Für Dirk war die Nachwendezeit seine kreativste und erfolgreichste Phase. Zwischen Studioterminen und Auftritten schrieb er immer bessere Lieder. Die Droge Erfolg beflügelte ihn so sehr, dass er einer neuen Sucht verfiel: Er wollte den dreizehnten Ton finden.

Auf der Suche danach hatte Dirk das schönste Lied geschrieben. Ein Lied, in dem die Begierde so leicht war, dass «die Sünden dahinflossen». «Gib es zu» war ein Liebeslied nur für mich. Jede Frau kann sich glücklich schätzen, die von ihrem Mann so angebetet wird. Und Dirk beteuerte, er habe das Stück für mich geschrieben. Doch meine Freude über sein musikalisches Geständnis war genauso groß wie die Scham, die ich zu überwinden hatte. Ich wollte nicht, dass die Menschen denken, Dirk sei einer, der zu seiner Frau «fleht». Und dann dachte ich: Diese Gefühle sind so schön in Worte gefasst, dass das Lied für uns beide allein schon wieder zu schade wäre.

Aber war der Text tatsächlich übertrieben? War es denn nicht so, dass wir unsere gegenseitigen Anbetungen brauchten? Wir brauchten sie – in großen Mengen sogar. Dafür, dass mich Dirk das verstehen ließ, liebte ich ihn noch mehr. Denn er gab mir, was ich ihm viel öfter verweigerte: den

Glauben an den anderen. Bei mir war es bis dahin nur die Hoffnung auf den anderen. Nun aber glaubte ich an Dirk. Ich glaubte sogar, dass er jetzt den dreizehnten Ton gefunden hatte.

Mittlerweile war Dirk ins große Geschäft eingestiegen. Sein neues Album war – nach einigem Ärger mit seiner alten Plattenfirma – Anfang 1991 bei einem kleineren Label erschienen. Dirk interessierte sich nicht für das Honorar, er wollte endlich von einer Plattenfirma geliebt werden. Und diese Firma liebte ihn. Sie verkaufte von dem Album sogar eine für ein so kleines Label enorme Stückzahl.

Plötzlich waren Die Zöllner nicht nur eine Band, sondern auch ein Unternehmen. Dirk hatte kein Recht mehr auf eigene Fehler, er hatte nur noch die Pflicht, sie zu vermeiden. Wir bekamen Fachanwälte und Steuerberater zur Seite gestellt, die uns mit ihren Kenntnissen vor Fallen und mit ihren Honoraren vor Reichtum schützten. All diese Menschen kochten auch nur mit Wasser. Und unsere Träume schienen sich, genau im Moment ihrer Erfüllung, in Wasserdampf aufzulösen. Es ging immer weniger um Musik und immer mehr um Marketing und Bilanzen. Auf einmal mussten Konzerte cocacolaisiert und gemarlborot, veradidast und beniket werden. Es war also nur eine Frage der Zeit, bis Dirk die Welt nicht mehr verstand.

Eines Tages stellte er fest: «Wir gehen in drei Tagen auf Tournee und sind schon vorher mit dreißigtausend Mark im Minus. Ich versteh das nicht.»

Ich fragte: «Woran liegt es?»

«Ich weiß nicht. Jedenfalls kann ich die Musiker nicht bezahlen.»

«Das kommt davon. Früher habt ihr gegen die Tür gespielt. Jetzt habt ihr Verträge.»

«Ja und?»

«Na, früher musstest du nur deine Band bezahlen. Jetzt auch noch den ganzen Rattenschwanz von Zwischenhändlern.»

«Dann kündige ich die.»

«Dann zahlst du Vertragsstrafe.»

«Bisher hab ich von der Musik gelebt. Auf einmal bedroht sie meine Existenz. Das verstehe ich einfach nicht. Ich hab keine Ahnung, wie es weitergehen soll.»

«Ob du es verstehst oder nicht, das Problem bleibt dasselbe.»

«Also gut, sag mir, was ich tun soll? Wo bekomme ich in drei Tagen dreißigtausend Mark her? Das ist doch blanker Irrsinn.»

Genau das war es. Aber blanker Irrsinn war auch das, wovon wir was verstanden. Ich bat Dirk, mir drei Tage Zeit zu geben. Wenn mir bis dahin nichts einfiele, dann könnte er immer noch ein wenig Gras drüber rauchen.

Ich tat einfach so, als hätte ich den Westen begriffen. Als hätte ich verstanden, wie sehr nun jeder für sich selbst verantwortlich ist, und als könnte ich diese Verantwortung übernehmen. Ich hatte keine Idee, ich hatte keine Überzeugung, ich hatte keine Beziehungen. Ich hatte nur den Willen, ein Fiasko zu verhindern. Oder wenigstens aufzuschieben. Ich musste aus einem Desaster bare Münze machen.

In einem System, von dem ich keine Ahnung hatte.

Ich war mit siebzehn Millionen anderen auf dem Obduktionstisch der Bundesrepublik gelandet und wurde ordentlich seziert. Die Untersuchung dauerte weiter an und würde voraussichtlich lange noch nicht abgeschlossen sein. Aus den Medien erfuhr ich täglich die Zwischenergebnisse, doch die Befunde betrafen fast ausschließlich Politik und Wirtschaft, weniger Biographien und Erfahrungen. Also lernte ich erst einmal viel über die marode Lage meiner Heimat.

«Kein Vergleich mit Hiroshima», schrieb ein großes Nachrichtenmagazin unter ein Foto aus Bitterfeld. Ich wurde belehrt, dass ich in einem verfallenen System gelebt hatte, in einem depressiven Reservat, mit nörgelnden Alten und lähmendem Gehorsam. Nach einem Brandanschlag auf ein Asylbewerberheim liefen die Ostkids in Rostock so selig herum wie die Westkids in Woodstock, hieß es in einer Fernsehsendung. Umgeben von tumben Horden, war meine Welt die Welt der Angst und der Minderwertigkeitskomplexe, erklärten Soziologen in Illustrierten. Trotzig und frustriert suchte ich offenbar nur eines: die Niederlage. Das jedenfalls las ich in einer Tageszeitung. Außerdem war ich diktaturgeschädigt, deshalb ließ sich die angebliche «Zusammengehörigkeit» meines Volkes einfach auf «Hörigkeit» zusammenstreichen. Und schließlich wurde in einem Beitrag festgestellt, dass die Ostler mit der «neuen Presse- und Meinungsfreiheit» nicht umgehen konnten.

Dabei wurde doch wirklich viel über sie berichtet. Ich bekam täglich das Ostgefühl erklärt, aber fast nie das Westgefühl. Die Behauptung «Es war nicht alles schlecht» konnte schnell als Schlachtruf eines Ewiggestrigen ausgelegt werden. Besser war es, einzusehen, dass es «überall solche und solche» gab. Doch wer das einsah, sah eigentlich nur ein, dass er nichts einsah. Die neuen Verhältnisse waren verwirrend. Das Offensichtliche war wieder einmal irreführend. Es war einfacher, sich einen Videorecorder oder ein neues Auto anzuschaffen, als im Westen anzukommen.

Ich habe in der DDR gelernt, offen auszusprechen, was ich nicht verstand. Und ich habe gelernt, daran nichts Seltsames zu finden. Ich habe erfahren, dass es Willkür gab, und ich habe erfahren, dass man sich dennoch auf ein starkes Wir-Gefühl verlassen konnte. Und weil mir viele Dinge gleichzeitig selbstverständlich und unmöglich schienen, bin ich mit einer gewissen Bewusstseinsspaltung aufgewachsen. Jetzt war es für mich keine Frage, dass eine Tour nicht Pleite gehen durfte, bevor die Musiker den ersten Ton gespielt haben. Gleichzeitig wusste ich nicht, wo ich dreißigtausend Mark hernehmen sollte, um das zu verhindern. Aber ich hatte gelernt, Krisen als Herausforderung zu betrachten. Ob das reichen würde?

Nun, zwei Jahre nach der Wende, lernte ich immer noch. Ich hatte nur noch zweiundsiebzig Stunden Zeit.

Nach einer schlaflosen Nacht rief ich am nächsten Morgen bei einigen Geldinstituten an. Vielleicht gab es eine Möglichkeit, sie als Sponsoren zu gewinnen. Dabei war meine Zuversicht von vornherein stark gebremst: Die Werbung – von den Plakaten bis zu den Radiotrailern – war längst durch, es gab keine attraktive Möglichkeit mehr, neue Sponsoren zu erwähnen, und ich konnte auch kein Konzept aus der Tasche zaubern. Außerdem planen Banken alles andere als spontan. Ein Geschäftsjahr ist ein Geschäftsjahr.

Und eine Rockband ist eine Rockband. Es gab Experten, die die Entwicklung auf dem Sponsoringmarkt beäugten, und mit ihren so genannten praxisnahen wissenschaftlichen Modellen kam keiner zu dem Schluss, für einen erfolgreichen Unternehmensauftritt ausgerechnet Rockmusik zu empfehlen. Unterhaltungsmusiker verkörperten kein soziales Ideal, durch dessen Förderung ein Unternehmen karitativ erscheinen konnte, sie ließen nicht, wie klassische Orchester, mit Beethoven und Mozart ein bisschen Glanz auf die Sponsoren fallen, und sie zogen keine gut betuchten Zielgruppen an. Rockmusiker hatten entweder eine finanzstarke Plattenfirma im Rücken oder Pech. Aber Sponsoren?

Immerhin erreichte ich, dass eine Bank einen Termin für die nächste Saison vereinbarte. Doch wer wusste schon, ob es dann Die Zöllner überhaupt noch gab. Möglicherweise hatten sie sich bis dahin schon aufgelöst.

Ich hatte nur noch zwei Tage.

Da fiel mir ein ostdeutscher Unternehmer ein, der in kürzester Zeit eine beachtliche Firma aufgebaut hatte, und es sich sogar leisten konnte, sich für die Yacht von Breschnew zu interessieren. Einer der wenigen Ostler, die sich sehr schnell sehr gut im Westen zurechtfanden. Ich wusste, dass der Mann ein Faible hatte für Dirks aus dem Osten, die Musik machten, denn er unterstützte bereits einen. Ich rief ihn also an, und wir trafen uns spätabends in einem Restaurant und plauderten über Musik. Er hörte aufmerksam zu, kannte sich wirklich gut im Musikgeschäft aus und machte mir Mut. Aber über Geld sprachen wir nicht.

Am Ende des Abends glaubte ich dem Mann, dass Geld nicht alles sei. Ich wollte nach Hause gehen und Dirk raten, möglichst erfolglos zu werden, damit der Rattenschwanz von Zwischenhändlern nicht mehr an ihm interessiert sei. Ich wollte Dirks Musik von den wirtschaftlichen Zwängen befreien und uns aus der finanziellen Versklavung.

Der Unternehmer drückte mir zum Abschied einen Brief in die Hand. Ich ließ ihn verschlossen. Als ich zu Hause ankam, lag Dirk im Wohnzimmer auf dem Boden und dachte nach. Er machte einen gelassenen Eindruck, als sei er von Harmonie durchströmt, und war mir in Sachen Entspannung um einige Drinks voraus. Er meinte: «Abini, ich bereue es nicht, dass wir kein Geld haben.»

Ich antwortete: «Weshalb solltest du es bereuen? Du hast jetzt ein Studio, ich hab ein Auto.»

«Ja, aber wir haben kein Geld.»

«Na und? Wir haben uns nie gefragt, ob wir Geld haben, und sind essen gegangen, gereist und haben gelebt, wann und wie wir wollten. Das kann uns keiner nehmen. Geld ist nicht alles.»

Wir richteten uns darauf ein, dreißigtausend Mark zu zahlen, von dem Geld, das wir nicht hatten, für eine Tour, die nicht stattfinden würde. Sozusagen unser Lehrgeld. Dabei erzählte ich Dirk von dem Gespräch mit dem Unternehmer und gab ihm den Umschlag. Da waren dreißigtausend Mark drin.

Wir sahen uns hilflos an.

8

Das Wunder der engen Jeans

*Mein Verstand sagt, es gebe zwar keinen Grund zu nörgeln,
aber das sei noch lange kein Grund, nicht zu nörgeln. Er finde
es befremdlich, wie ich ohne ihn über die Runden gekommen
sei. Aber nun wolle er sich wieder einschalten. Es sei eine trau-
matische Erfahrung für ihn gewesen, nicht gebraucht zu werden.*

*Mein Gefühl bietet ihm daraufhin seine tief empfundene
Abhängigkeit an.*

*Es war höchste Zeit, wieder mit Verstand und Gefühl ge-
meinsam Fehler zu machen.*

Wer glaubt, dass man sich mit Geld alles kaufen kann, hat
Recht. Alles kann man kaufen: eine Tour, eine Band, eine
Plattenproduktion. Auch Interesse, Erfolg, Anerkennung.
Doch manchmal muss man auch Niederlagen in Kauf neh-
men.

Uns ging es bestens. Wir wussten nicht, *wann*, wir wussten nur, *dass* wir im Westen angekommen waren. Wir liebten unsere Arbeit, unsere Familie, unser Leben. Wir hatten
Glück, zwei Jahre nach der Wende erst vierundzwanzig und

neunundzwanzig Jahre jung zu sein. Wir hatten noch viel vor und konnten uns trotzdem schon so vieles leisten.

Unter anderem leisteten wir uns Vertrauen. Vertrauen in die Menschen, die uns nahe waren. Vertrauen in die Umstände, in denen wir lebten. Vertrauen in die Zeit, die uns so liebte. So sollte es immer weitergehen.

Eines Tages schellte es an der Wohnungstür. Ich öffnete, und eine wildfremde Frau sagte zu mir: «Wir müssen reden.»

«Bitte, kommen Sie rein.» Ich bot ihr einen Tee an. Doch die Fremde wollte lieber Kaffee. Ich hatte keine Ahnung, wer sie war, aber ich wusste schon von Mamel, dass ein Klingeln an der Wohnungstür und anschließend gebrühter Kaffee immer Nachrichten mit bitterem Beigeschmack bedeuteten. Und ich spürte, dass hier nichts Gutes auf mich zukam.

Ich fragte: «Was gibt es?»

Die Frau, eine sonnenbebrillte Mittvierzigerin, die sich als Journalistin ausgab, antwortete: «Wir haben ein Problem.»

«Welches?»

Sie presste es laut und schnell aus sich heraus: «Wir lieben denselben Mann.»

Ich dachte: Nein, was will denn die mit Dirk? Oder Dirk mit ihr? Und laut fragte ich: «Wie kommen Sie darauf?»

Sie rief: «Weil ich Ihren Mann liebe.»

«Ja, schon gut. Aber wie kommen Sie darauf, dass *ich* meinen Mann liebe?»

Die Frau schaute mich entsetzt an, stellte den Kaffee ab und verschwand. Sie war wie eine Erscheinung. Sie hatte nicht gegrüßt, sie hatte sich nicht verabschiedet, ich hätte denken können, sie wäre nicht da gewesen, wenn ich nicht eine Kaffeetasse abgeräumt hätte.

Konnte es sein, dass die Zeit uns nicht mehr liebte und Dirk zur Seite springen ließ? Mein Verstand ereiferte sich. Er redete mir ein, dass die Vernunft eine gute Freundin sei und zudem die einzige, die sachlich betrachten könne, was ich mir ausmalte. Ich solle auf sie hören. Gleichzeitig warnte mich mein Gefühl vor der Eifersucht. Es meinte, sie sei meine Feindin, weil sie immer vergleiche, wo es nichts zu vergleichen gebe. Sie bringe nur Unglück. Aber meine beiden Ratgeber sagten mir auch, sie könnten es verstehen, wenn ihre Empfehlungen irgendwo in meinem Körper stecken blieben.

Und wirklich, irgendwo blieben sie stecken und konnten deshalb nicht bis in mein Bewusstsein vordringen. In meinem Kopf war eine Barriere, die nur in mein Bewusstsein ließ, was nichts mit Tugenden zu tun hatte. Wut zum Beispiel. Ich entzog Dirk mein Vertrauen, das ich ihm zugestanden hatte. Ich fühlte mich betrogen und wurde es ja auch.

Wenig später klingelte das Telefon, und Dirk fragte mich, warum ich ihn nicht mehr liebe. Er klang ernsthaft besorgt. Ich war auch besorgt, legte den Hörer auf und kümmerte mich um eine neue Wohnung, die groß genug war, damit wir uns aus dem Weg gehen konnten. Ich begann, Handwerker zu koordinieren, packte mit an und steckte meine Energie in Bauarbeiten. Einige Wochen darauf zogen wir um. In die Wilhelmstraße.

Wir machten einen Schnitt, als könnten wir von vorn anfangen. Obwohl ich Dirk nicht verzeihen konnte, obwohl ich ihm alles übel nahm, obwohl ich nicht mehr gerecht sein konnte, versuchte ich, nicht ungerecht zu sein. Ich riss mich zusammen und bemühte mich, meine Erinnerungen loszuwerden und meine nicht enden wollende Wut.

Die Wilhelmstraße lag am anderen Ende von Berlin-Mitte. Sie galt als innerstädtische Ost-West-Achse, wurde Geschichtsmeile genannt, war aber in Wirklichkeit eine Entsorgungsstraße. Genau das Richtige für unsere Probleme.

Die Wohngegend war außerordentlich begehrt, obwohl sie eine unrühmliche Vergangenheit hatte: Hier standen Hitlers Neue Reichskanzlei, Görings Reichsluftfahrtministerium, die Zentrale des SS-Sicherheitsdienstes, und hier ließ sich der Führer schließlich auch seinen Bunker buddeln, wo er sich im April 1945 selbst entsorgte. Ein Nachbar aus unserem Haus berechnete, dass auf jeden Quadratmeter der Straße mindestens tausend Tote kamen, die von den Mächtigen aus der Wilhelmstraße zu verantworten waren.

Später sollte in dieser Straße Geschichte radikal entsorgt werden. Stattdessen aber wurde sie um ein neues Kapitel ergänzt: Am 17. Juni 1953 marschierten Ostberliner Arbeiter auf das Haus der Ministerien zu, und ihr Aufstand blieb mit dem Namen dieser Straße verbunden. Ich selbst kannte die Straße, die in der DDR Otto-Grotewohl-Straße hieß, vor allem deshalb, weil Margot Honecker hier vom Volksbildungsministerium aus sämtliche Einwände gegen die Schulideologie entsorgte. Nach der Wende residierte in den DDR-Verwaltungsräumen die Treuhand, die ihrerseits auch wieder radikal entsorgte. Diesmal Betriebe und Arbeitsplätze. Doch da gab es keinen Aufstand mehr.

Als wir Anfang der Neunziger hierher zogen, strahlte die

Straße vom Brandenburger Tor bis zum Ullrich-Einkaufs-markt nur noch Harmlosigkeit aus. Gegenüber vom ehemaligen Goebbels-Ministerium war nach der Wende Call-a-Pizza eingezogen, und kurz vor dem Führerbunker gab es nun Kinderspielplätze. Auch die Häuser wirkten wie die in einem unscheinbaren Neubauviertel.

Aber es waren keine gewöhnlichen Plattenbauten, die da an der Wilhelmstraße standen. Diese Wohnungen waren alles andere als DDR-Standard: Sie waren großzügig geschnitten und hatten manchmal auch zwei Etagen und zwei Bäder. Einige von Dirks Musikerkollegen wohnten dort, mit denen wir befreundet waren und die wir schon öfter besucht hatten. Deshalb wussten wir, dass es uns in diesen Plattenbauten gefallen könnte.

Eigentlich hatte ich erst eine ganz andere Wohnung organisiert. Eine in der Albrechtstraße, zwischen Berliner Ensemble und Deutschem Theater, nur wenige hundert Meter von unserer leidigen Naturkundemuseumswohnung entfernt. Die Gegend war weniger begehrt. Sie war dunkel und hatte etwas Morbides. Ein paar Meter weiter schlängelte sich die Spree am Schiffbauerdamm entlang, und es gab viele Ratten. Aber unsere Nachbarn legten einfach Ziegelsteine auf die Toilettendeckel, gingen nie in den Keller und brachten ihren Müll nur am Tage hinunter, damit sie sehen konnten, wohin sie traten. Die Ratten also waren kein Problem, und die Wohnungen waren schön – sie hatten große Altberliner Zimmer, Balkons, Erker und hohe, mit Stuck verzierte Decken. Wenn man, wie wir, in den obersten Stockwerken eine Wohnung bekam, war sie auch hell.

Wir brauchten längst mehr als zwei Zimmer, und so bauten wir die vier Räume in der Albrechtstraße auf eigene

Kosten um, steckten unser ganzes Geld rein und das, was wir uns geborgt hatten, und brachten alles in einen wohnlichen Zustand. Wir waren gerade mit dem Malern und Fliesen fertig, hatten neue Böden verlegt und unser Telefon umgemeldet, als wir erfuhren, dass genau unsere Wohnung baupolizeilich gesperrt werden musste. Das Dach über ihr drohte einzustürzen. Und unser Neuanfang auch.

Es schien, als sei alles umsonst gewesen. Wir waren fassungslos. Die Kommunale Wohnungsverwaltung, mit der wir den Mietvertrag geschlossen hatten, sah ihre Nachlässigkeit zwar ein, hatte aber kein Geld, uns auszuzahlen. Schließlich bot sie an, dass wir uns eine andere Wohnung aus ihrem Bestand aussuchen könnten. Gewissermaßen als Ausgleich. So kamen wir zu unserer attraktiven Maisonettewohnung in der Wilhelmstraße, in der schon so manches entsorgt wurde. Warum nicht auch unsere Probleme?

Vielleicht war es ein Zufall, dass in der unscheinbaren Wilhelmstraße außergewöhnlich viele Prominente wohnten, vielleicht war sie auch wegen ihrer zentralen Lage so beliebt. Dirk und ich erfuhren jedenfalls eines Morgens aus einer Tageszeitung, warum wir wirklich dort lebten: «Von der DDR-Regierung wurden die Neubauten noch als Edelquartiere für die Partei-Elite und regimetreue Genossen konzipiert. Wilhelmstraßen-Anwohner wie Kurt Hager (Ex-Politbüromitglied), Günter Schabowski (Ex-SED-Bezirkschef) und Dirk Zöllner (Sänger und Ex-DDR-Idol) zeugen noch heute von dem damaligen Wunsch, hier nur den *politisch Gefestigten* Wohnraum zu vermitteln.»

Dieser Artikel erklärte Dirk, der nie ein Parteibuch besaß und sich mit Resolutionen gegen die Verhältnisse in der DDR gewandt hatte, nachträglich zu einem Vertreter der «Monokultur der Altvorderen». Dem Journalisten war es egal, dass wir gerade erst hierher gezogen waren. Eiskunstläuferin Katarina Witt, Treuhandchefin Birgit Breuel, Schriftsteller Rolf Hochhuth, der Beauftragte für die Stasi-Unterlagen Joachim Gauck und Politiker wie Wolfgang Thierse und Angela Merkel, die auch hier wohnten, waren für ihn ein «bunt gemischtes, zusammengeströmtes Völkchen». Das reichte ihm.

Uns reichte es auch. Wir wollten in einer Entsorgungsstraße wohnen und nicht im Märchenviertel. Dirks Anwalt riet zu einer Klage – natürlich, das war sein Job. Und er machte ihn so gut, dass Dirk beste Aussichten hatte, einen Prozess zu gewinnen. Aber Dirk war ein Harmonie-Junkie, und deshalb ließ er sich auf ein Angebot jener Zeitung ein: Sie hatte eine verdeckte Richtigstellung vorgeschlagen und druckte schon bald ein großes Porträt «des Sängers aus dem Osten, der es schaffte wie kein anderer». Dirks Berater bejubelten den Artikel als «Super-Promotion», in Wahrheit war er das Entsetzlichste und Klebrigste, was wir je gelesen hatten.

Wer hätte gedacht, dass Wiedergutmachung so wehtun konnte. Dirk wünschte sich wieder in die Klatschspalten über die Lokalprominenz zurück, die ihn bis dahin immer unangenehm berührt hatten. Deren Reporter interessierten sich zwar nie für seine Musik, aber dafür war ihr Klatsch Dirk wenigstens nicht so peinlich wie solch eine verabredete Lobeshymne. Er glaubte jetzt zu wissen, wie man mit den Medien umgehen muss.

Ich glaubte es auch. Bis ich eines Tages in einen Fernsehtalk eingeladen wurde und lernte, dass Medien zwar Lektionen erteilen können, diese aber nicht unbedingt klüger machen.

Es war eine seriöse Sendung, die ich schon öfter gesehen hatte. Dort sollte ich über mein Leben als Farbige in der DDR berichten. Der Moderator wollte von mir wissen, wie viele tätliche Übergriffe ich erlebt hätte – er war sichtlich enttäuscht, als ich nichts herunterspulen konnte. Mir fiel nichts ein. Ich spürte, dass ich keineswegs repräsentativ war. Und nun saß ich in der Patsche, weil ich noch nie geschlagen wurde. Wir schauten uns verlegen an. Dann flehte der Moderator, ich solle wenigstens die verbalen Übergriffe nennen. Ich tat ihm den Gefallen und erzählte von dem SED-Funktionär, der mich im Juni 1989 in der Straßenbahn beschimpfte, der Dinge wie «vor vierzig Jahren hätte es Sie nicht gegeben» nicht gesagt haben durfte, gegen den ich Anzeige erstatten wollte und wegen dem ich schließlich festgenommen worden war. Ich erzählte noch, dass ich weniger von dem Mann irritiert war, dafür jedoch sehr von meiner DDR. Aber das interessierte den Moderator nicht mehr. Er war froh, dass er wenigstens ein Geschichtchen hatte.

In der Talkrunde saß auch ein prominenter Rechtsextremist mit Springerstiefeln, der mich nach der Sendung unbedingt nach Hause bringen wollte. Er sagte: «Es ist gefährlich, wenn du nachts allein da rausgehst.» Ich war überrascht. Hatte ich was verpasst? Er erklärte, dass er mich beschützen wolle. Ich sei ja «keine von denen». An diesem Abend war wohl gar nichts repräsentativ.

Es war verwirrend, auf kein Vorurteil schien bei jener Talkshow Verlass zu sein. Das wäre doch mal eine Nachricht gewesen. Aber nicht in dem Medienbetrieb, wie er hier lief. Es stand zu viel vorher fest. Wahrscheinlich war man schon bei der Wahl des Themas entschlossen, nur dies und jenes zu dokumentieren. Und dabei kam die Neugierde zu kurz, die tatsächlich Neuigkeiten produziert hätte.

Ich liebte Neuigkeiten. Ich liebte sie sogar sehr. Und weil es so wenige aus der Gesellschaft gab, hielt ich mich an die, die mich betrafen.

Als ich wieder einmal mit Raouli bei Mamel zu Besuch war, musterte sie mich ganz eigenartig und meinte: «Du bist doch schon wieder schwanger.»

«Mamel, das kann nicht sein. Dirk ist zeugungsunfähig. Also müsste ich die heilige Maria sein oder einen Geliebten haben.»

«Und hast du?»

«Was?»

«Na, einen Geliebten. Verdenken könnte ich es dir nicht, mein Kind. Nach allem, was du durchgemacht hast.»

«Mamel, lass gut sein. Ich bin nicht schwanger.»

«Du wirst noch an meine Worte denken.»

«Ich denke immer an deine Worte.»

Mamel setzte mir ganz schön zu. Ihren mütterlichen Argwohn konnte ich genauso wenig leiden wie ihre Warnungen vor dem Rauchen, mit dem ich gerade begonnen hatte. Ihre Fürsorge verleidete mir meist jeglichen Genuss. So wie manche Menschen zu Hause aufrecht unter dem Pantoffel standen, hing ich souverän an ihrer Leine Nabelschnur. Mamel war so mamelhaft geblieben. Es war so weit, ich musste mit ihr darüber reden. Ich war jetzt vierundzwanzig. Sie hatte ein Recht darauf, es zu erfahren.

«Mamel, es reicht. Ich will dir was sagen.»

«Ich auch. Hör gut zu, mein Kind: Du denkst, weil du woanders wohnst, verheiratet und selber Mamel bist, weil du keine Pickel mehr bekommst und keine Klingelstreiche mehr machst, nicht mehr in Pfützen springst oder nicht mehr Luftgitarre spielst, du denkst, deshalb wärst du jetzt nicht mehr mein Mäuseschwänzchen?»

«Nein, ich meine nur, ich bin jetzt erwachsen.»

«Das meine ich auch.»

«Warum merke ich dann nichts?»

«Weil du mein Kind bleibst. Das ist so.»

«Das kann ja auch so bleiben. Aber ich bin dein erwachsenes Kind, versteh doch.»

«Ich kann dir sagen, was du bist. Du bist wahnsinnig empfindlich.»

«Warum bin ich empfindlich?»

«Weil du schwanger bist.»

Das war finster. Mamel war so dickschädelig, so rechthaberisch, so bockig.

Ich angelte mir Raouli und verabschiedete mich von Mamel mit einem kurzen Gruß von der Tür aus. Dann fuhren wir nach Hause.

Auf der Fahrt erzählte mir Raouli eine Geschichte, die er tags zuvor mit Mamel erlebt hatte: Als sie ihn von der Musikschule abgeholt hatte, zückte sie in der vollen U-Bahn ihren Schwerbeschädigtenausweis und forderte einen jungen Mann auf, Platz zu machen. Der erhob sich schuldbewusst, doch Omi blieb stehen. Anstatt sich zu setzen, rief sie Raouli zu: «Komm, Junge, setz dich, du hattest heute einen anstrengenden Tag.» Raouli sagte, er habe plötzlich eine Riesenbommel auf dem Kopf gespürt und es sei ihm unendlich peinlich gewesen. Aber Omi habe vor allen Leuten darauf bestanden, dass er sich hinsetzte. «Mama, ich glaube, der Mann, der Platz machen musste, suchte die versteckte Kamera.»

Mein kleiner Raouli war erst fünf Jahre alt und verstand mich schon so gut. Wir einigten uns darauf, dass es manchmal einfach anstrengend war, wenn Mamel es gut mit einem meinte.

Auch wenn es nicht möglich war, Mamel ihren guten Willen vorzuwerfen, musste es doch möglich sein, ihr einen Irrtum nachzuweisen. Also ging ich zum Arzt. Aber der gratulierte mir nach der Untersuchung. Also ging ich zu Dirk.

«Dirk, mein Frauenarzt bittet dich darum, dass du zum nächsten Termin mitkommst.»

«So was kann ich nicht.»

«Du musst aber. Du sollst ihm deine Unfruchtbarkeit erklären. Ich konnte es nämlich nicht, weil ich nichts darüber weiß.»

«Abini, ich weiß auch nichts. Ich habe keinen Befund. Ich nehme nur an, dass ich unfruchtbar bin, weil ich als Teenager immer so enge Jeans getragen habe.»

«Du hast was? Ich habe die Pille abgesetzt, weil du als Teenager enge Jeans getragen hast?»

«Was regst du dich so auf?»

«Ich bin schwanger.»

«Das ist ja wunderbar! Wir bekommen ein Baby. Ich werde Papa, und du bist meine Königin. Ehrlich, meine Königin.»

Seine Königin setzte sich aufs Sofa mit einer Tüte Chips in der Hand. Sie fragte Raouli ganz offen, ob er ein Geschwisterchen haben möchte, sie fragte sich ganz heimlich, ob sie notfalls zwei kleine Prinzenkinder allein erziehen könnte, und dann freute sie sich auch.

Dirk und ich würden einen Traum erfüllt bekommen, den wir nie geträumt hatten.

Der glücklichste Mensch der Welt ließ sogleich seine Königin im Wohnzimmer sitzen und ging zu seinen Kollegenfreunden rüber, mit denen wir längst gemeinsam in der Wilhelmstraße und nun sogar auf derselben Etage wohnten. Er hatte etwas mit ihnen zu feiern.

Ich rief indes Mamel an und gab ihr die neue Nachricht durch. Mamel war völlig aus dem Häuschen. Dabei tat sie so, als sei sie gründlich überrascht worden. Wie reizend und liebenswürdig sie sein konnte, wenn sie es gut mit einem meinte.

Monate später wurde wieder gefeiert und auf das noch immer ungeborene Baby angestoßen – wieder mit unseren Nachbarn und unseren Freunden. Ich hatte da schon eine Weile das Rauchen aufgegeben, an das ich mich gerade gewöhnt hatte, und allem Ungesunden abgeschworen.

Unsere Freundin Tamara vermittelte mir wenige Tage vor der Entbindung einen Termin bei einem Ultraschall-Spezialisten aus der Charité. Der nahm mit einem Gerät alles in meinem Bauch auf einer Videokassette auf. So konnten wir den Blutkreislauf des Kleinen sehen: Die Arterien waren rot, die Venen blau. Der Professor kommentierte das Gewicht, die Größe und die Bewegungen, all das war auf der Kassette. Und mehr noch: unsere unbedarften Fragen und unsere unzurechnungsfähige Freude auch. Dem Professor bereitete unsere Neugierde Spaß, er spannte uns auf die Folter. Erst am Ende der Untersuchung gab er uns die Kassette, auf die er «Meine Muschi» geschrieben hatte. Wir waren überglücklich, denn da erfuhren wir, dass wir ein Mädchen bekommen würden.

Dirk und ich nahmen das Video mit nach Hause. Raouli war neugierig, doch sein Interesse ließ schnell nach. Er klagte, dass er auf dem Film gar nichts erkennen konnte und die Erklärungen nicht verstand. Ich hatte mir nach zwei Durchläufen ebenfalls einen zufrieden stellenden Überblick verschafft. Aber Dirk schaute sich das Video wie ein Besessener an. Immer und immer wieder. Bis der Recorder verstummte. Nichts lief mehr.

Wir brachten das Ding zur Reparatur. Dem Meister der Werkstatt sagten wir, dass es völlig gleich sei, was aus dem Gerät würde. Er müsse nur unter allen Umständen das Band retten. Der Mann nutzte unsere Entschlossenheit aus, um uns unverzüglich darauf hinzuweisen, dass die Reparatur «nicht ganz billig» werden würde. Ja sicher, wir hatten verstanden.

Am nächsten Morgen rief ich in der Werkstatt an: «Und, konnten Sie das Band retten?»

«Natürlich, meine Dame. Das ist ja wirklich eine kleine Kostbarkeit.»

Ich wusste nicht, was der Meister meinte, aber er machte eine so lange Pause, dass ich genug Zeit hatte, nachzudenken. Da fiel mir ein, dass das Band mit «Meine Muschi» beschriftet war. Mir wurde heiß und kalt. Ich sagte: «Guter Mann, es ist nicht das, was Sie denken.»

Er sagte: «Ich weiß. Das ist es nie.»

«Wenn Sie das Band gesehen hätten, würden Sie jetzt nicht so reden. Seien Sie so gut, tun Sie sich keinen Zwang an. Schauen Sie es sich an. Bitte.»

«Aber, aber, meine Liebe, wir sind ein seriöses Haus.»

«Das sind wir auch.»

Es war gleich, was ich sagte. Nein, wahrscheinlich machte es alles nur noch schlimmer. Also schwieg ich und legte auf.

Ich weigerte mich, das Band abzuholen. So musste Dirk, der den Blutkreislauf seines Töchterchens schon seit vierundzwanzig Stunden vermisste, allein in jene Werkstatt. Er meinte, die hätten ihn alle so komisch angestarrt. Ob die ihn nun auch in Westberlin als Sänger erkannt hatten? Ich schwieg.

Am Abend des 27. April 1992, zwei Tage bevor Dirk auf eine große Konzerttour gehen sollte, saßen unsere Freunde in unserem Wohnzimmer und erteilten mir Ratschläge, wie man die Wehen vorantreiben könne. Tamara meinte, ich solle vom Schrank springen, ein heißes Bad nehmen, warmen Rotwein trinken und die acht Etagen bis zu unserer Wohnung hoch- und runterlaufen. Ich gab mir Mühe, ich badete und lief und sprang und lief und lief und lief. Wenn ich an unserer Wohnungstür vorbeikam, hörte ich von drinnen «Will noch jemand wat?», und die nächste Flasche Rotwein machte die Runde. Aber ich lief weiter, treppab, treppauf. Dagegen musste die Entbindung ein Verdauungsspaziergang sein. Was hatte Mamel damals bloß durchgemacht?

Gegen zwei Uhr nachts war ich so erschöpft, dass ich keinen Finger mehr bewegen konnte. Ich war todmüde. Begleitet von dem Mitleid unserer Freunde ging ich ins Bett. Sie stießen auf mich an. Dirk ließ sich die Videokamera erklären, weil er das Ereignis aufnehmen wollte. Den Rest der Party bekam ich nicht mehr mit. Gegen sechs Uhr weckte ich Dirk mit dem Schlachtruf: «Ich glaube, es geht los!»

Dirk rannte zu unserem Freund Thommi, zwei Wohnungstüren weiter. Er klingelte Sturm. Thommi begriff sofort, brachte Raouli in seine Wohnung, rief Mamel an, stand zwei Minuten später fertig zur Abfahrt in der Tür und fragte mich sogar noch nach meiner Tasche. Dirk, der versuchte, einen klaren Gedanken zu fassen, packte nur die Videokamera und fuchtelte mit ihr herum. Wir mussten ihn in den Fahrstuhl drängen und anschließend ins Auto schieben. Endlich ging es los.

In der Charité angekommen, wurden die beiden Männer von der Aufnahmeschwester in grüne Kittel gesteckt. Dann führte sie uns in den Kreißsaal – eher ein gemütliches Entbindungszimmer. Dort richteten wir uns ein. Thommi schlug vor, die Kamera zu bedienen; Dirk atmete erleichtert auf. Jetzt waren die Rollen klar verteilt: Thommi würde filmen, Dirk würde entbinden, und ich würde ihm dabei zur Seite stehen. Ich hopste auf einem Ball um das Bett herum, wie das gelernte Schwangere so tun, und Dirk kuschelte sich in die Decke ein, wie es müde Musiker so machen. Um uns von dem abzulenken, worauf wir eigentlich sehnlichst warteten, erzählten wir uns absurde Geschichten. Meist ging es um Mord und Totschlag. Und bis auf die letzte Etappe waren es wirklich sechs ausgelassene Stunden.

Doch dann wollte unser Edelsteinchen in der Welt erstrahlen. Dirk stockte der Atem, Thommi hielt sich an der Kamera fest, und schließlich hechelte ich gegen den Schmerz. Es dauerte ewige zwanzig Minuten, bis Rubini endlich da war. Sie ließ sich so viel Zeit, als wäre sie gar nicht neugierig auf die Merkwürdigkeiten des Lebens.

Nach der Strapaze wollte ich nur zwei Dinge wissen: Kann ich die Nachgeburt sehen? Und: Hat sie eine afrikanische Stirn? Ich konnte, und sie hatte. Beruhigt fiel ich in ein kleines Koma.

Dirk trennte die Nabelschnur ab und weinte vor Freude. Thommi rief seine Mutter an und dankte ihr «für alles». Und Rubinchen wurde auf mich gepackt. Im Halbschlaf leckte ich ihr die Stirn ab. Wie eine Tiermutter. Ich hätte es nicht geglaubt, wenn ich es später nicht selbst auf dem Video gesehen hätte, auf dem ich im Halbschlaf mit der Zunge säuberlich Rubinchens Stirn putzte. Schön, dass wir das Video hatten.

Gegen Mittag war Rubini zur Welt gekommen, und bis zum Abend hatte ich im Krankenhaus ein beachtliches Pensum zu absolvieren. Als Erste erschien Mamel, die mich beherzt vor den Klatschreportern schützte – lediglich den Kollegen von der «Berliner Zeitung» ließ sie vorbei. Ihr folgten Anna und Daddy, meine Schwiegereltern, die nach ihrem Liebling Raouli nun auch ihre kleine Enkelin feierten. Dann kamen Uwe, Richie und «Tantemara», die für Rubini standesgemäße Ohrringe mit kleinen Rubinen mitbrachten. Und schließlich schauten noch unsere Freunde und Nachbarn vorbei. Alle gratulierten mir, dass ich bei der Entbindung so furchtlos gewesen war. Sie meinten, ich bräuchte mich nicht zu schämen, sie hätten sich ihrer Tränen auch nicht geschämt.

Wieso schämen?

Dirk, der stolze Vater und glücklichste Mensch der Welt, hatte kurzerhand allen das Entbindungsvideo vorgeführt. Das Ereignis Geburt hatte ihn derart überwältigt, dass er es mit allen teilen wollte. Ich schämte mich zu Tode, winkte den gefährdetsten Mann im Zimmer an mein Krankenbett und flüsterte ihm ins Ohr: «Liebster Schnappusch, ich könnte dich umbringen. Hier und jetzt, aber ich habe keine Kraft mehr. Würdest du es bitte selbst tun?»

«Ich muss morgen auf Tour.»

Dirk machte einen Es-ist-mein-erstes-Kind-Augenaufschlag und drückte mich. Durfte ich einen glücklichen Vater verurteilen?

Ich sagte: «Hör zu, hab ich wenigstens eine Chance, dass du das Video nicht auch noch deiner Band vorspielst?»

«Ich tue nichts, was du nicht willst. Du bist die Königin.»

«Aha. Seit wann?»

Gut, war ich also doch seine Königin. Aber regieren würden andere, so viel war mir klar: Der Thron gehörte den Kindern. Mindestens die nächsten achtzehn Jahre und das Leben danach. Darin würde ich mich von Mamel nicht unterscheiden. Eine erbliche Belastung.

In dem Gratulationsrummel ging Raouli völlig unter. Ab und zu hieß es: «Lasst doch mal den Jungen vor», und dann war er schon wieder weg. In einem günstigen Moment griff ich sein Ärmchen und zog ihn zu mir heran. Wir verabredeten uns für den nächsten Tag, wenn er in aller Ruhe mit Omi zu uns kommen würde, und ich umarmte ihn ganz fest. Zum Abschied sagte er mir, dass er sich auf sein Schwesterchen freue. Das war das zweite freudige Ereignis an diesem Tag.

Gegen Mitternacht stieß ich mit der Hebamme auf die kleine Attraktion und unseren Erfolg an. Dabei bekam ich Lust auf eine Zigarette. Ich fand, dass ich mir eine verdient hätte. Am nächsten Tag wäre ich sogar bereit gewesen, ein

Königreich für eine Zigarette zu geben. Das aber brauchte ich nicht. Mamel, die das Rauchen verabscheute, steckte mir eine zu.

Es waren sechs lange und zermürbende Wochen vergangen, als ich mit Rubini endlich das Krankenhaus verlassen konnte. Sie hatte eine starke Unterzuckerung und überhaupt keine Motivation, selbst Nahrung aufzunehmen, deshalb musste sie künstlich ernährt werden. Manchmal setzte auch ihre Atmung aus, deshalb war sie an ein Messgerät angeschlossen worden. Sie hatte so viel Zuwendung nötig, dass ich darüber sogar eine mir bevorstehende Operation vergaß. Das Kind brauchte Ruhe und wurde ausgerechnet in unsere Familie hineingeboren.

Um Rubini musste ich mich so intensiv kümmern, dass mein Leben nach der Zeit im Krankenhaus nicht mehr dasselbe war. Sie trank tröpfchenweise mit großen Pausen, für hundertdreißig Milliliter Milch brauchte sie ein bis zwei Stunden. Mindestens fünfmal am Tag fand diese Prozedur statt. Und nachts piepte das Pulsmessgerät mehrmals. Jedes Mal fuhr mir ein Schreck durch die Glieder. Ich musste rund um die Uhr für sie da sein, konnte nicht durchschlafen, musste auf so vieles achten und so vieles von ihr fern halten. Ich fuhr täglich mit ihr ins Krankenhaus zur Untersuchung, und nachts schlief sie neben mir. Wir waren vierundzwanzig Stunden am Tag zusammen.

Dirk und Mamel versuchten, mir viel Arbeit abzunehmen – es half nichts. Ich war nervös, unausgeschlafen und ein Fall für den Psychologen, aber ich hielt es nicht aus, wenn Rubini nicht bei mir war. Ich hatte Angst, sie zu verlieren. Unsere Partys wurden weniger, leiser und anders. Dirk und ich feierten schon, wenn Rubinchen hundert Gramm zugenommen hatte. Wir feierten die ersten Geruchsphänomene an ihren Füßchen, ihre tadellose Verdauung und jede piepfreie Nacht. Unser Leben hatte neue Prioritäten.

Und dann geschah es – nach fünf aufreibenden Monaten aß das Kind seinen ersten Brei. Es ließ sich eine ganze Portion hineinschaufeln. Und nach ein paar Stunden bekam es wieder Hunger. Und wieder und wieder. Plötzlich verspürte es Appetit. Wenn Rubini von da an vor Hunger schrie, egal ob es Tag oder Nacht war, machte sie uns zu den glücklichsten Eltern der Welt.

Unser Leben schien sich langsam, aber stetig zu normalisieren. Rubini erholte sich, kam mit einem Jahr in die Kita und schenkte ihrem Bruder kurz vor seiner Einschulung die Windpocken. Raouli hatte seiner kleinen Schwester markerschütternde Bäuerchen beigebracht. Er konnte sogar schon das Alphabet rülpsen. Die Kinder entwickelten sich also normal.

Dirk war noch immer viel mit seiner Band unterwegs, aber ich hatte keine Zeit, ihn zu vermissen, denn ich ging wieder arbeiten. Wir nahmen an, dass dies das normale Leben war. Sicher waren wir uns nicht. Vermutlich, weil wir hofften, dass wir das Alltägliche nicht kannten. Weil wir hofften, dass wir anders waren. Wir, die wir alle Klischees verachteten und um keinen Preis konventionell sein wollten, hatten zwar nach wie vor keine Gardinen an den Fenstern. Doch wir waren mutig genug, Harmonie und Eintracht nicht mehr zu fürchten. Anders als die Gesellschaft.

Die Welt fragte sich, was aus Russland wird, mit seinen Bürgerkriegen, seiner Inflation und seinem Jelzin. Niemand wusste, wie das Gemetzel in Bosnien-Herzegowina beendet werden konnte. Aids bedrohte die Welt und eine Hungersnot Somalia. Der UNO-Umweltgipfel in Rio mutierte zum «Festival der Heuchelei». Honecker wurde aus der Haft entlassen und reiste nach Chile aus. Marlene Dietrich und Willy Brandt starben, Petra Kelly und Gert Bastian brachten sich um. Und in Deutschland gab es so viele rechtsextreme Übergriffe wie öffentliche Stasi-Enttarnungen. Es war deprimierend. Hoffnungsvolle Nachrichten wie die, dass die Europäische Union beschlossen und Bill Clinton amerikanischer Präsident wurde, waren rar. So wurde es einem meist schwer gemacht, an das Gute im Menschen zu glauben. Doch der Glaube an etwas war uns ein Bedürfnis.

Da wurde die Familie unsere neue Religion.

Drei Jahre nach der Wende war nicht nur das Eigentum privatisiert worden, sondern auch unser Denken: Es war für Dirk und mich wichtig, wie viele Milchzähne Rubi bekam und wie viele Raouli verlor, wer von wem auf dem Spielplatz verhauen wurde und ob wir uns als Eltern rächen sollten. Dabei war es selbstverständlich, dass die Erzfeinde unserer Kinder schon morgen ihre besten Freunde waren und bei uns übernachten durften. Und wenn wir im Dunkeln auf Raoulis Legosteine traten und über Rubis Höhle stolperten, dann waren das die Beweise dafür, dass unsere Religion nicht auf einem bloßen Glauben, sondern auf Tatsachen beruhte.

Als Rubi sprechen lernte, sagte sie als Erstes «Mama», «Papa» und «Hauli». Es war schon merkwürdig, dass ihre nächste Wortmeldung ein ganzer Satz war. Anfangs dachten Dirk und ich, wir hätten uns verhört. Doch an den folgenden Abenden, als wir die Kleine zu Bett brachten, wurde uns klar – sie meinte, was sie sagte: «Licht bleibt an!» Rubini sagte diesen Satz sogar mit Ausrufezeichen. Dirk und ich schauten uns fragend an. War es möglich, dass das Kind das Energischsein seiner Eltern in sich vereinte? Es war. Wir hätten das als Vorzeichen dafür nehmen können, dass das energische Temperament, das wir in Rubis Wiege gelegt hatten, sich bald auch bei Dirk und mir zu Wort melden würde – aber das taten wir nicht. Wir sahen auch keinen Grund dazu.

Rubi und Raouli waren zwei Gleichungen mit vielen Unbekannten, wir wussten nie, womit wir zu rechnen hatten und welche Forderungen wir wenigstens ein bisschen vernachlässigen durften. Unsere beiden Lieblinge hatten das Kommando übernommen. Sollten sie. Sie hatten uns zu dem gemacht, was man boshaft eine glückliche Familie nennt, und unsere Familie war die schönste Form der Erschöpfung.

Doch das Glück war in unserem Leben gegenwärtiger als in unserem Bewusstsein. Dirk und ich waren irgendwann so brav, dass wir nur noch die Dummheiten machten, die uns vernünftig erschienen. Wir hatten uns beinahe unmerklich auf einen Vater-Mutter-Interessenverband reduziert und darüber vergessen, dass wir auch Mann und Frau waren.

Das anhaltende Familienglück war zugleich das Ermüdende an unserem Abenteuer Ehe. Wir wollten Liebe nicht falsch verstehen und keine völlige Selbstaufgabe betreiben. Dennoch haben wir sie so gründlich missverstanden, dass jeder letztlich doch sein Leben lebte. Ich blieb Mutter und Dirk ein Mann.

Es folgte der chronische Ehezoff, diese Familienkrankheit, die sich besser pflegen als heilen lässt. Erste Symptome waren freundliche Beleidigungen. Doch bald brachten wir uns immer öfter um das Vergnügen, uns mit geistreichen Formulierungen zu duellieren. Dirk und ich erwarteten Respekt und Achtung voneinander – und forderten dies mit Kränkungen ein. Es nutzte nichts mehr, Dirk zu küssen und ihn zehnmal täglich an die Wand zu werfen, plötzlich blieb er nur ein Frosch. Und ich ging so sehr in meiner Mutterrolle auf, dass Dirk mich als Eheschreck empfand. Wir pressten uns in die Rollen, die wir uns gegenseitig zugeschrieben hatten, und konnten ihnen schließlich nur noch entsprechen.

Es gab keine Chance mehr, die Vorzüge am anderen zu sehen, weil sich davor schon eine Mauer aus seinen Nachteilen aufgebaut hatte. Jeder glaubte im Recht zu sein, und jeder hatte einen großen Glauben. Und weil die Wirklichkeit nicht selber sprechen konnte, hielten wir uns an das, was sie gesagt haben könnte. So verlor sich unsere Liebe zwischen der Da-muss-noch-was-kommen-Hoffnung und der Da-kommt-nichts-mehr-Einsicht, und was blieb, war ein aufreibender Versuch, die Ernüchterung möglichst klein zu halten.

Unsere Ehe wurde ein Dauerkonflikt, und auf dem Höhepunkt unserer Krise bewahrheiteten sich alle Befürchtungen, auch die, die wir nie hatten. Manchmal dachte ich, es wäre schöner, Träume zu haben, als sie erfüllt zu bekommen. Doch bevor wir kapitulierten, mussten wir uns wohl beweisen, dass wir das Chaos noch steigern konnten.

Dirk nahm eine Auszeit und flog für drei Monate nach San Francisco. Er wollte mit sich ins Reine kommen, um dann eine Entscheidung zu fällen. Ich blieb in Berlin und hatte mehr Zeit, mir über alles klar zu werden, als mir recht war. Ich besprach mich mit meinen engsten Freunden, und sie wiesen mich auf Dinge hin, auf die ich längst selber hätte kommen können. Tamara etwa meinte, ich sei schon lange von etwas «instand besetzt» worden, was ich endlich verabschieden sollte: die Vernunft; ich sei kaum noch wiederzuerkennen und bekäme offenbar nicht mit, was um mich herum passiere. Die Kinder hatten damit nichts zu tun, da waren wir uns einig, und es lag auch nicht an der Wende.

Als die Menschen sich mit ihren Wünschen vom Jahr 1994 ins Jahr 1995 knallten, hatte ich auch einen Wunsch: Ich wollte wieder vertrauen können – und machte das, was ich lange genug vor mir hergeschoben hatte: Ich fing an, Gerüchte zu recherchieren, und war nur noch einen Anruf von Dirks Verrat entfernt.

Ich wählte die Nummer einer seiner angeblichen Geliebten, meldete mich mit meinem Mädchennamen und gab mich als gute Bekannte von Dirk aus. Das war zwar nicht die ganze Wahrheit, aber auch nicht gelogen. Damit konnte ich leben. So erfuhr ich, dass diese angebliche Geliebte meines Mannes leider wirklich eine war. Sie sagte: «Ich vermisse ihn so sehr, und er meldet sich nicht.»

Ich meinte: «Seine Telefonkarte ist alle. Er wird sich eine neue kaufen.»

«Nein, ich glaube, es ist wegen dieser Betty, mit der er dort zusammenwohnt. Die haben ein Verhältnis.»

«?»

«Er hat mich vergessen.»

Ich versuchte ihr mit Dirks Worten zu erklären: «Er ist eben ein Künstler und immer der Versuchung ausgesetzt.»

Sie antwortete: «Ja, aber ich liebe ihn, und deshalb tut es weh.»

«Das tut es. Sicher. Aber denken Sie doch mal an seine Frau.»

«Die ist ein Drachen.»

«??»

«Die hat es nicht anders verdient.»

«Kennen Sie sie?»

«Nein, aber was er erzählt hat, reicht mir.»

«Ja, ich weiß, sie kann wirklich furchtbar sein.»

«Verstehen Sie, ich bin zwar selbst verheiratet, aber ich fühle mich betrogen.»

«Ich verstehe sehr gut, was in Ihnen vorgeht.»

Ich war schließlich ebenfalls verheiratet und fühlte mich betrogen. Innerhalb von fünf Minuten hatte ich nicht nur erfahren, dass mein Mann eine Geliebte hatte und sie mit einer zweiten hinterging, ich erfuhr auch, dass ich ein Drachen war und es nicht anders verdiente.

Am liebsten hätte ich Dirk in diesem Moment in kleinen verschnürten Päckchen auf der Spree treiben sehen. Aber wie sollte ich mich von ihm verabschieden, wenn er nicht da war?

Es wurde Februar, und Dirk hatte in San Francisco immer noch nichts anderes beschlossen, als sich nicht zu entschließen. Wir telefonierten oft; er versuchte, mich zu beruhigen. Seine Lügen klangen liebevoll, zuweilen intelligent, manchmal verzweifelt. Dirk musste sich vorkommen wie ein Mann, der sich noch etwas aus seiner Frau macht.

Doch seine Beruhigungsversuche nutzten nichts. Nachts konnte ich nicht schlafen, am Tag klopfte mein Herz mir bis zum Hals. Ich verlor den Appetit und die Hoffnung. Ich achtete nicht mehr auf mich, war unfähig, an andere Dinge zu denken, ließ immer wieder seine Ausreden Revue passieren, sah ihn mit anderen Frauen vor mir und tat mir richtig Leid. Ich erkannte mich selbst kaum wieder. Ich rauchte viel und trank Wein flaschenweise, obwohl ich sonst sogar auf Feiern nur an meinem Glas nippte. Außerdem hatte ich ja wohl das Recht, Beruhigungspillen zu nehmen – ich wollte schließlich auch genießen.

Allmählich wurde mir klar, dass vor allem Dirks Erfindungen unser Bündnis zusammengehalten hatten, und dass es groteskerweise jetzt die Wahrheit war, die es zerstörte. Seine Lügen schonten – jahrelang reichte mir das. Und es genügte mir, wenn seine Ausreden plausibel waren. Die Ungewissheit hatte bis dahin vielleicht ein paar Nerven gekostet. Aber die Gewissheit kostete nun die Ehe.

Nach einem unserer Telefonate – Dirk war seit sechs Wochen in Amerika – beschloss ich, nicht länger verheiratet zu sein. Ich stellte den Wein beiseite, warf die Tabletten weg, nahm Urlaub, machte aus meinem Konto eine Sünde und aus meinem Leben einen Einkaufsbummel: Ich kaufte Farben für die Wände, Teppiche für den Fußboden und Gardinen für die Fenster. Nachdem ich die Wohnung so hergerichtet hatte, wie sie mir gefiel, nachdem es keinen Arbeitsraum mehr gab und jedes Kind sich ein neues Zimmer aussuchen durfte, nachdem ich Dirks Plattensammlung und Instrumente in einer Ecke verstaut und ihm eine neue Wohnung besorgt hatte, reichte ich die Scheidung ein und fühlte mich befreit. Nicht nur von den Fehlern des anderen. Auch von meinen eigenen.

Als Dirk wieder nach Berlin kam, hatte sich das Glück verabschiedet. Doch wie gut, dass Dirk und ich jemanden hatten, den wir für das Unglück verantwortlich machen konnten: den anderen. Durch unsere gegenseitigen Schuld-zuweisungen waren wir endlich nicht mehr so kraftlos, son-dern wurden wieder leidenschaftlich – wir bewegten uns bis an die Grenzen des Erträglichen und darüber hinaus. Der eine dachte sich die Gemeinheiten aus, der andere die Strafen. Das war unser neuer Sport. Wir hassten uns am liebsten.

Zum Schluss war der Traumpartner ein Partnerschafts-killer geworden, weil man immer dachte, weniger zu be-kommen, als einem zustand. Zum Schluss war unsere Hei-rat nur noch ein Versprechen, von dem der eine hoffte, dass es der andere hielt. Auf einmal gab es so viele Wahrheiten. Dirk und ich konnten uns nur auf eine einigen: Wir haben dasselbe anders gesehen.

9

Leben vor dem Tod

Mein Verstand sagt, wir würden es nicht bereuen, uns verlassen zu haben. Ich müsse begreifen, dass Liebeslieder auf die Dauer eines Konzerts beschränkt sind, ebenso wie Rebellionen auf die Länge eines Theaterstücks. Hier sei lediglich eine Vorstellung zu Ende gegangen. Mehr nicht.

Mein Gefühl glaubt, Dirk und ich, wir hätten uns gegenseitig eingeatmet – und uns eines Tages an uns verschluckt. Es meint, ich solle jetzt einfach tief Luft holen.

Aber es dauerte noch eine ganze Weile, bis der Vorhang für mich fiel und ich aufatmen konnte.

Auf der Suche nach dem Glück hatte ich geheiratet und zwei Kinder bekommen. Als ich mit Dirk zusammen war, konnte ich unser Glück nicht fassen. Als wir auseinander gingen, konnte ich nicht glauben, dass endgültig Schluss sein sollte. Es war schwierig, die Tatsachen zu verstehen. Mir war, als würde das alles nicht mir passieren. Nach der Ehe kam der Schock der Freiheit und nach der Scheidung der Schock, nicht mehr geschockt zu sein. Ich mochte das Gefühl nicht, alles tapfer überwinden zu müssen.

Meine Traurigkeit war mir heilig, und ich wollte sie bewahren. Dabei war es eine merkwürdige Erfahrung, den Seelenschmerz auszuleben, es war traurig und schön zugleich, wie mich die Schwermut erleichterte. Ich fühlte mich wie eine Granitwolke. Am liebsten wäre ich mit Rubi und Raouli aus dieser Welt gesprungen, die mir fremd geworden war, und sanft in einer vertrauten Welt gelandet. Aber irgendwann richtete ich mich dann doch in meinem Leben ein. Zu früh, wie sich bald zeigte.

Auf einer Geburtstagsparty von Grit – es war die letzte, die sie als Managerin der Zöllner feierte – lernte ich Antje kennen. Antje war eine aparte Erscheinung, sie strahlte eine gewisse Ruhe aus, aber sie war nicht unscheinbar. Mit ihrem strengen Pagenschnitt sah sie aus wie eine Mädchenfrau. Sie gehörte zu den Menschen, bei denen man nicht schätzen kann, wie alt sie sind.

Der Stuhl neben Antje war noch frei. Sie winkte mich zu sich heran, und ich setzte mich zu ihr. Mit ihrer unverfälschten Freundlichkeit war sie mir auf Anhieb sympathisch. Wir unterhielten uns so entspannt, dass ich mich sofort aufgehoben fühlte. Schon in der ersten halben Stunde haben wir unsere Ansichten voreinander ausgebreitet und spürten, dass wir dasselbe Panorama hatten. Wir waren froh, uns entdeckt zu haben.

Auch Antje hatte sich gerade von ihrem Mann getrennt. Er war wie Dirk ein Künstler, der seine Außenseiterrolle pflegte und keinesfalls so leben wollte wie die anderen. Hätten unsere beiden Individualisten gewusst, wie ähnlich sie einander waren, sie wären ins Grübeln geraten. Antje und ich unterhielten uns als Verbündete, oft konnte die eine die Sätze der anderen vervollständigen. Doch damit war der Gesprächsstoff nicht erschöpft, schnell fanden wir noch andere Gemeinsamkeiten. Unsere Kinder, unsere Arbeit, unser Scheitern und unsere Lust, weiter zu probieren, unsere Zukunft.

Antje hatte als Moderatorin beim Rundfunk gearbeitet, und als nach der Wende bei ihrem Sender Stellen abgebaut wurden, musste sie sich an ein Leben als freie Journalistin gewöhnen. Der Anfang war schwierig für sie als Mutter von zwei Kindern, aber das war kein Grund aufzugeben. Im Gegenteil, sie sah das als Chance, nicht immerfort dasselbe tun zu müssen. Neben ihrer Arbeit für den Rundfunk wollte sie es auch mal bei der Zeitung versuchen, also vereinbarten wir noch am selben Abend ein Treffen in der Redaktion.

Ein paar Tage später schlug uns meine Chefin vor, eine Serie über das multikulturelle Leben in Berlin zu machen, von den Festen der Christen und Hindus, Moslems und Juden zu berichten. Das klang erst einmal wie eine Strafe. «Multikulturell» war ein Begriff, der bunte Verheißungen auf sachliches Beamtendeutsch reduzierte. Er war ein Beweis dafür, dass nicht nur im Osten der offizielle Sprachgebrauch problematisch sein konnte. «Multikulturell» klang einfach abschreckend. Noch abschreckender war da nur Antjes Aussicht, niemals etwas anderes als Radio machen zu können.

Kurz darauf erschien der erste Artikel unserer Serie, die uns von Anfang an wundersamerweise Spaß machte. Ein ganzes Jahr lang berichteten Antje und ich in der «Berliner Zeitung» vom Ramadan oder Pessachfest, von Krischnas oder Mohammeds Geburtstag, Christi Himmelfahrt oder

Divali, vom Fest der Bahai oder vom Fest für die Göttin Durga. Uns verblüfften die vielen Gemeinsamkeiten zwischen den Weltreligionen – es hatte fast den Anschein, als verehrten alle Gläubigen letztlich ein und denselben Gott. Aber wirklich erstaunt waren wir darüber, dass die Leser so positiv reagierten.

Es war ein schönes Jahr. Am Ende bekamen wir für die Serie sogar einen Journalistenpreis. Zufrieden beschlossen wir, mit Leo und Lea, mit Rubi und Raoul ein kleine Auszeit zu nehmen. Wir wollten mit unseren Kindern in den Ferien irgendwohin fahren.

Aus dem fröhlichen Irgendwohin wurde ein düsteres Nirgendwo. Antjes Sohn, Leo, kam von einem Besuch bei seinem Vater nicht zurück. Er und sein Freund wurden vermisst. Unsere Ferien begannen mit der Suche nach den beiden. An meinem ersten Urlaubstag packte ich keine Koffer, sondern fuhr in die Redaktion, um mich mit unserem Polizeireporter zu beraten. Wir schrieben Agenturmeldungen und versuchten, etwas über Leo und seinen Freund herauszufinden. Mit den ersten Aufrufen im Radio kamen auch die ersten Hinweise aus der Bevölkerung. Und die Polizei verfolgte eine Spur, die sich im Wald verlor. Am Ende dieses bangen Tages hieß es, die Kinder seien möglicherweise zu einem Fremden ins Auto gestiegen.

Als es wieder Abend wurde, haben wir es uns fast gewünscht.

Es war ein kalter Aprilmorgen. Das Eis auf den Seen vor der Stadt begann zu tauen, als die Polizisten an einem Ufer nahe dem Grundstück des Vaters ein Fernglas und ein Buch fanden. Sie nahmen an, dass die Kinder dort gesessen und Vögel beobachtet hatten.

Die Suche lief auf Hochtouren. Nach zwei Tagen endete die Ungewissheit. Mit einem Anruf. Der Polizeireporter unserer Redaktion hatte das Telefon in seinem Zimmer laut gestellt. Ich hörte, wie der Kriminalbeamte sagte: «Wir haben die Kinder gefunden. Sie sind im Eis eingebrochen. Unsere Hilfe kam zu spät. Wir müssen jetzt die Mütter verständigen.»

Ich rannte zum Auto und fuhr los. Es war, als träte ich eine Fahrt in die Hölle an, aber ich wollte so schnell wie möglich bei Antje sein. Als ich das Grundstück erreichte, gingen die Feuerwehrmänner, Polizisten und Taucher gerade zu ihren Fahrzeugen zurück. Ein Krankenwagen brauste mit Martinshorn davon, und ich wusste, dass er Antje wegbrachte. In diesem Moment wurde mir schlagartig klar, dass es wirklich passiert war.

Ich wendete und fuhr dem Krankenwagen hinterher. Doch schon nach wenigen hundert Metern sah ich ihn nicht mehr. Ich steuerte zum Waldrand und parkte. Dann verlor ich jedes Gefühl für Zeit und Raum. Das Unfassbare war plötzlich so konkret. Ich erstarrte und konnte nicht einmal weinen.

Es gab keinen Grund mehr, das Leben verstehen zu wollen. Es war nicht bloß eine Behauptung, es war eine Lüge, die alles in Frage stellte – den Sinn des Lebens, den Sinn des Todes und den Sinn des Weiterlebens. Etwas hatte meine Freundin verraten und sie einen Kampf verlieren lassen, von dem sie nicht einmal wusste, dass er stattfand. Plötzlich zeigte sich das Höhere als etwas, das einen zwang, Dinge hinzunehmen, die nicht hinzunehmen waren. Ich fühlte: Gott will sehen, was er alles kann. Er schafft einen Menschen, wenn es ihm passt. Und er zerstört ihn, wenn es ihm passt. Die Wut und die Verzweiflung, die Trauer und die Bitterkeit waren auf einmal unschlagbare Argumente gegen den Glauben.

Ich sah, wie meine Freundin lange keinen Willen mehr hatte, in das Leben zurückzukehren. In etwas, das irgendwie weiterging, aber nie wieder so sein würde wie vorher. Warum sollte sie in das Leben zurückwollen, das sie doch aus der Bahn geworfen hatte? Warum sollte sie sich für etwas disziplinieren, das ihr gegenüber so grausam gewesen war? Warum ...? Das war die am häufigsten gestellte Frage.

Erst viel später gelang es Antje, aus dem Warum ein Obwohl zu machen. Erst als sie sich nicht mehr mutterseelenallein fühlte, erst als sie sich an die schwerste Reportage ihres Lebens wagte – eine Dokumentation über Eltern, die ihr Kind verloren haben –, erst da sollte sie Schritt für Schritt dort ankommen, wo ihre Familie und ihre Freunde schon seit über einem Jahr auf sie warteten.

Dirk und ich lebten längst als Mann und Frau getrennt, als Leo starb. Aber wir teilten als Vater und Mutter unsere panische Sorge um Rubi und Raouli. Denn es hatte sich offenbart, dass es jeden von uns jederzeit treffen könnte. Auf dieser Furcht beruhte unsere neue Allianz. Und bald darauf verband uns auch die Trauer: Nur wenige Wochen nach Leos Tod lag Tamara im Sterben. Sie hatte Krebs.

Als ich zum ersten Mal von ihrer Krankheit erfuhr, klang es noch so, als sei sie heilbar. Tamara lehnte Chemotherapien ab und vertraute sich voller Zuversicht der Alternativmedizin an. Ihr Arzt, Julius Hackethal, war kein Unbekannter. Er gab sich gern als letzte große Hoffnung, und immerhin hat er die düstere Sorge zunächst einmal vertrieben. Aber hat er Tamara auch geheilt? Nach ein paar Behandlungswochen erklärte er das jedenfalls.

Bald musste Tamara doch operiert werden. Die Ärzte in der Charité stellten dabei fest, dass sich in ihrem Körper die Metastasen ausgebreitet hatten – und dass es nun zu spät war. Der Arzt, der sie jetzt behandelte, war ein alter Bekannter von ihr, sie wohnten im selben Haus und mochten sich. Es war derselbe Professor, der uns vor dem Ultraschallgerät erklärt hatte, dass wir ein Mädchen erwarteten. Damals, vor vier Jahren, hatte er eine freudige Nachricht für uns. Jetzt gab es keine guten Neuigkeiten mehr.

Tamara kämpfte gegen den Krebs. Eine ganze Zeit lang. Aber am Ende war ich mir nicht mehr sicher, ob sie noch kämpfte. Sie war so sanft und mädchenhaft in ihren letzten Wochen, als wollte sie den anderen bedeuten, sie könnten ruhig loslassen. Und es schien, als fiele das den anderen schwerer als ihr selbst.

Einen Monat nach Mamels einundsiebzigstem Geburtstag, am 22. Juli 1996, starb Tamara. Sie war dreiundvierzig Jahre alt geworden. Ihre schwer kranke Mutter Helene und ihr Vater Erich weinten am Grab, ihr Mann Uwe, der selber kaum zu trösten war, versuchte sie zu trösten. Zu Tamaras Beerdigung kamen Verwandte und Freunde, Politiker und Künstler. Menschen, mit denen sie nach der Wende im «Komitee für Gerechtigkeit» arbeitete, Musikerkollegen, die sie verehrten, Plattenbosse, die es ihr und ihrer Band Silly nie leicht gemacht haben. Die Redner würdigten sie als rigorose, konsequente, starke und glaubwürdige Frau. Sie lobten ihre Geradlinigkeit und ihre Entschlossenheit. In Manfred Stolpes Beileidsschreiben stand, dass sie wie keine andere Rocksängerin in Ostdeutschland einer ganzen

Generation aus der Seele gesungen habe. Und das war nicht übertrieben. Viele bekundeten ihr Beileid öffentlich, noch mehr Fans trauerten still. Und allen war klar, dass mit ihrem Tod etwas Besonderes zu Ende ging. Dass man sich an Tamara Danz noch erinnern wird, wenn ihre Neider und Gegner längst vergessen sind.

Mit Tamara war vieles gestorben. Die Rockerbraut – das war nur eine Facette von ihr. Tatsächlich war Tamara weit mehr als das. Sie war eines der wenigen Originale. Als sie starb, starb eine ganze Szene.

Da Mamel mich erst mit zweiundvierzig Jahren bekommen hatte, dachte ich vielleicht früher über den Tod nach als andere. Ich fragte mich schon als Kind oft: Was wird sein, wenn Mamel geht? Jetzt war ich neunundzwanzig und hatte immer noch keine Antwort, aber wieder einmal hatte sich gezeigt, dass Menschen nicht erst dann sterben, wenn sie alles erledigt haben. Die Ereignisse schienen mir völlig sinnlos, doch paradoxerweise haben sie meine Welt über-sichtlicher gemacht. Durch Tamara und Leo sind mir einige Dinge klarer geworden.

In einem ihrer letzten Lieder bat Tamara um «Asyl im Paradies». Es hieß, dass sie sich zum Schluss an den Glauben herangetastet habe, dass sie auf ihre Art gläubig gewor-den sei. Sie vertraute fest darauf, dass da noch etwas kommt. Allerdings sprach sie nicht von dem Höheren, son-dern von dem anderen.

So hatte ich es noch nie gesehen. Mein Glaube an Gott war längst abgekühlt, doch jetzt entwickelte ich langsam eine andere Sicht auf die Dinge. Zwar war ich mir nicht sicher, ob es wirklich ein Leben nach dem Tod geben würde, dafür wusste ich, besser als je zuvor, dass es ein Leben vor dem Tod gab. Und ich wollte mehr daraus machen.

Ich sortierte mich neu, ganz simpel, und setzte Prioritäten: Ich wollte Rubi und Raouli behüten, und ich wollte, dass Mamel noch einmal einundsiebzig Jahre alt wird. Ich wollte für die drei sorgen und jeden Tag mit ihnen genießen. Natürlich konnte ich mich nicht einfach über alle sonstigen Verpflichtungen hinwegsetzen. Verantwortung, Moral und Regeln etwa galten ja nicht bloß für die anderen. Aber wenn ich schon nicht aus der Welt springen konnte, die mich umgab, so wollte ich mich doch wenigstens in ihr neu einrichten.

Wir lebten immer noch in der Wilhelmstraße, nur war die Familie nicht mehr dieselbe und die Gegend auch nicht. Die Straße war, seit sie zum Regierungsviertel gehörte, wieder lebendiger geworden und längst keine Entsorgungsstraße mehr. Aus ihr war vielmehr eine Verschaffungsstraße geworden: Hier verschaffte sich Blaulicht Platz, wenn wichtige Menschen zum Reichstag chauffiert wurden. Hier verschafften sich Demonstranten Gehör, die wollten, dass der Islam lebe, dass die Lehrer keine einzige Stunde mehr unterrichten müssen oder Arbeit zuerst für Deutsche da sein solle. Bei der Love Parade verschaffte der Häuserbeton den 180 Technobeats in der Minute eine bemerkenswerte Resonanz, und auch die Bauarbeiten am Potsdamer Platz verschafften den Bewohnern tagein, tagaus ein echtes Erdbeben-Empfinden. Jeder Makler, der hier vom Pulsschlag der Zeit sprach, untertrieb. Mir war das egal, ich war entschlossen, uns eine Oase zu verschaffen. Und das klappte, vor allem, weil ich auch Mamel in der Wilhelmstraße eine Wohnung verschaffen konnte.

Vor einem Jahr hatte Dirk verlassen, was ich immer

noch so liebte, meine alte Welt mit ihren unscheinbaren Häusern und ihren unerhörten Geschichten. Nach seiner Amerikareise war er in Prenzlauer Berg untergekommen, dem so genannten Szenestadtteil Berlins, der verglichen mit unserer Straße nur am Tropf zu hängen schien. Zwar wurde der Verfall nirgendwo sonst so sehr zum Charme erklärt wie dort, aber es gab nichts Neues zu entdecken: Der ehemalige Ostkiez lebte von der Idee, die man einmal von ihm hatte. Mit jeder Luxussanierung schimmerte mehr Glanz durch, allmählich blendete die scheinheilige Schmuddeligkeit sogar. Prenzlauer Berg tat nur noch so, als ob.

Zunächst wohnte Dirk bei einem jungen Mann, der nett und von Beruf Tierpräparator war. Dirk versuchte, sich daran zu gewöhnen, dass in seinem Zimmer ein Fuchs ausgenommen wurde oder im Kühlfach eine tiefgefrorene Eule lag, aber er konnte es nicht. Also nahm er schon bald die nächste Gelegenheit wahr – und zog mit ihr zusammen. Er blieb mit seiner neuen Freundin in Prenzlauer Berg. So ließen wir uns gegenseitig leben.

An dem Rondell vor unserem Haus war ein Italiener, bei dem es das leckerste Eis gab. Und den neuesten Klatsch. Im Kiosk gleich daneben konnte man die Gemeinheiten des Tages kaufen. Ich konnte auf nichts davon verzichten.

An einem ruhigen Sonntagmorgen – für eine Party am Brandenburger Tor war es zu früh, aber zum Weiterschlafen schon zu spät – stand ich auf und ging zum Kiosk, um mir eine Zeitung zu holen. Auf dem Verkaufstisch, direkt neben der Kasse, lag die «Bild am Sonntag». So nahm ich beim Bezahlen noch ihre dicke Schlagzeile mit. Wo brannte es denn diesmal? «Dirk Zöllner: Ehe kaputt». Ich sah ein Foto von Dirk und mir auf Seite 1.

Also gut, locker bleiben. Wen interessiert das? Wen interessiert's? Es war fünf Jahre her, dass Die Zöllner zur Band des Jahres gewählt worden waren, dass man sie in Fachblättern zur Top Ten der nationalen Bands zählte. Dirk hatte eine Platte mit Edo Zanki produziert, er hatte mehrfach seine Haarfarbe gewechselt und viele musikalische Kapriolen hinter sich. Warum schrieb darüber keiner so groß? Warum die Scheidung auf Seite 1? Es war doch kein Frühjahrsloch? Es gab Rinderwahn, es gab die Pflegeversicherung, einem Mann hatten sie das falsche Bein abgenommen, und in Dortmund war ein Schützenfest, warum wir, warum so groß? Ist das nicht furchtbar peinlich? Und warum konnte ich nicht locker bleiben?

Ich ging in die Wohnung zurück und rief Mamel an: «Stell dir vor, unsere Scheidung ist heute die Titelgeschichte der ‹Bild›.»

Darauf sagte sie: «Bring mir bitte drei Exemplare mit, für Lilo und Erika auch.»

«Mamel, was redest du denn da? Es ist mir furchtbar peinlich. Es steht nicht in der Klatschspalte, es ist die Titelgeschichte.»

«Kind, beruhige dich. Was steht denn drin?»

Ich las ihr vor: «Die Trennung bewahrte uns vor einer Katastrophe.» Dann stockte ich.

«Weiter.»

Ich las ihr den ganzen Artikel vor.

Dann sagte sie: «Die schreiben vom Rockstar und seiner schönen Frau. Glaub mir, es gibt Schlimmeres.»

«Aber ich trau mich nirgendwohin. Es wissen nur ganz wenige von unserer Scheidung.»

«Mäuseschwänzchen, wen interessiert das? Du weißt

doch selbst, die Zeitung von heute ist morgen schon der Schnee von gestern.»

«So denk ich nicht. Wenn ich so denken würde, hätte ich bei meinem Job das Gefühl, für eingewickelten Fisch zu schreiben. Aber vielleicht hast du Recht. Vielleicht interessiert es wirklich nur Lilo und Erika.»

In den nächsten Wochen las ich: «Dirk Zöllner: heimlich geschieden» oder «Glück zerbrochen» oder «Traumpaar auseinander». Ein Reporter versuchte, Rubini im Kindergarten über den hohen Zaun hinweg zu fotografieren, ein anderer wusste, dass Dirk den Fernseher vom Balkon schmeißen wollte. Ich erfuhr mein Leben aus der Zeitung, und Raouli erfuhr es von seinen Mitschülern.

Die Promoter hatten ganze Arbeit geleistet. Es wurde erst im Laufe des Jahres ruhiger, als Dirks Plattenfirma Pleite ging und die Band sich trennte. Danach gab es nur noch vereinzeltes Interesse von Menschen, die mir und sich vorwarfen, nicht rechtzeitig informiert gewesen zu sein: Du warst die Frau von Dirk Zöllner? Nein, er war mein Mann.

Die Menschen aus unserer Umgebung reagierten unterschiedlich auf eine ganz gewöhnliche Scheidung. Manche blickten mich betroffen an, einige hatten gute Ratschläge parat, anderen tat ich Leid, oder sie klopften mir tröstend auf die Schulter. Niemand glaubte, «was die Zeitungen so schreiben», und trotzdem behandelten mich alle wie das Opfer. Ich war kurz davor, das ebenso zu sehen.

In diesem Wirrwarr wurde es wieder schwieriger, die Übersicht zu behalten. Einerseits durfte ich nicht vergessen, mich auf Rubi und Raouli zu konzentrieren. Andererseits durfte ich nicht vergessen, dass Dirk niemals mit einem Fernseher auf dem Balkon stand.

Wir brauchten jedenfalls dringend eine Auszeit, und es war egal, dass gerade keine Ferien waren.

Ich nahm die Kinder für eine Woche aus Schule und Kita und ging ins Reisebüro. Die Dame schwärmte: «Es ist gerade eine neue Maschine gechartert worden. Jungfernflug, Ledersessel, alles erster Klasse, verbilligte Preise. Wenn Sie Abwechslung wollen, fliegen Sie nach Italien.» Warum nicht? Also gut, nehmen wir Rom.

Am Abend vor unserer Reise kam Bianca mit ihrem neuen Freund bei uns vorbei. Das war einer, der mich mit Küsschen links, Küsschen rechts begrüßte und mir eine halbe Stunde später erklärte, warum er es aufdringlich finde, dass Ostler immer die Hand geben wollen. Ich meinte, das sei doch nur eine offene Geste, aber er fand das auf irgendeine Weise anzüglich. Dann erklärte er mir, woran er die Ostler noch erkenne: «Die sagen Zweiraumwohnung und nicht Zweizimmerwohnung, die holen ihr Auto und nicht den Wagen.»

Bianca verdrehte die Augen und sagte: «Und gehen sie schlafen, zählen sie keine Schäfchen, sondern beten die Bodenschätze der Sowjetunion runter.»

Ich ergänzte: «Und wenn du ganz genau aufpasst, kannst du welche von Ast zu Ast hüpfen sehen.»

Wir grinsten uns an und wechselten das Thema.

Unvermittelt übernahm er wieder das Wort. Nachdem wir die Situation der Schwulen und Lesben in Simbabwe nicht hatten klären können und uns auch nicht einig geworden waren, ob man Bachs Johannespassion heute noch aufführen kann, nachdem ich ihn mit der Behauptung beleidigt hatte, dass unsere Leistungsgesellschaft doch nur so heißt, weil sie sich viele Arbeitslose leistet, nach all dem hielt mich Biancas Freund für eine, die weder in der neuen Zeit noch im neuen Deutschland angekommen war. Es war mir egal, ich wollte sowieso gleich nach Italien.

Ich schaute erschöpft zu Bianca rüber. Sie schaute erschöpft zurück. Es war gegen vier Uhr früh und höchste Zeit, die Koffer zu packen. In fünf Stunden ging unser Flug. Bislang hatte ich nur unsere Schuhe in einer Tüte verstaut, mehr nicht.

Morgens weckte mich Rubi vorsichtig. Sie flüsterte mir etwas ins Ohr: «Mama, an unserem Fenster sind ganz dicht Raben vorbeigeflogen. Wirklich, ganz dicht. Ich weiß auch nicht, wie die das geschafft haben. Ich glaube, die haben es gar nicht geschafft.»

«Wie spät ist es?»

Rubi schrie durch die Wohnung: «Raaaoouullii, Mama will wissen, wie späähäät es ist.»

Jetzt war ich wach.

«Mama, Raouli sagt, es ist halb neun.»

«Um Gottes willen, in einer halben Stunde geht unser Flug. Okay, das heißt nichts. Rubi, du rufst Omi an, sie hat aus Versehen unsere Schlüssel mitgenommen. Raouli, du bringst noch die Tüte zum Müllschlucker. Wir treffen uns unten am Taxi.»

Generalstabmäßig plante ich das Unmögliche. Das Taxi kam, Omi winkte von unserem Balkon, und ich lud unser Gepäck in den Kofferraum.

Plötzlich hielt ich die Mülltüte in der Hand.

«Raoulchen, liebes Kind, welche Tüte hast du wegge-schmissen?»

«Na die, die im Flur stand.»

«Da standen zwei.»

«Ich weiß.»

«Gut. Ihr bleibt sitzen. Sagt dem Taxifahrer, dass Mama gleich wiederkommt.»

Raouli hatte die Tüte mit unseren Schuhen weggeschmissen. Ich brachte Mamel die Mülltüte, bat sie, den Hausmeister anzurufen, sich von ihm den Müllsammelraum aufschließen zu lassen und die Tüte mit unseren Schuhen wiederzubeschaffen. Danke, Küsschen, mach's gut. Wir melden uns. Ciao. Ab nach Italien.

Als wir am Flughafen ankamen, machte uns die Dame am Abfertigungsschalter keine Hoffnung. Wir hatten die Maschine verpasst, und an diesem Tag würde keine mehr nach Rom gehen. Ich wollte gerade ratlos werden, als mein Name ausgerufen wurde. Am Schalter zehn wartete ein Telefongespräch auf mich.

«Hier ist Mamel. Mach dir keine Sorgen, ich habe die Schuhe herausgefischt. Ich dachte, du freust dich. Jetzt könnt ihr entspannter losfliegen. Ruft mich an, wenn ihr da seid.»

Wenn wir wo waren? In Italien würden wir jedenfalls nicht ankommen. Ich legte auf, blieb an Schalter zehn und fragte: «Sagen Sie, sind noch drei Plätze frei? Kann ich die Tickets umbuchen? – – Ist das wahr? Danke. Ich könnte Sie umarmen.»

Fünf Stunden später landeten wir. Ich bat den Taxifahrer, uns in ein kinderfreundliches Hotel zu bringen. Spätabends riefen wir bei Mamel an.

Raouli sagte: «Omi, ich bin auf einem Kamel geritten.»

«Tatsächlich? Ist ja interessant. Gib mir mal bitte die Mama.»

Ich erzählte Mamel, dass wir gut angekommen seien, sie müsse sich nicht sorgen. Alles sei in Ordnung.

«Raouli ist auf einem Kamel geritten, und alles ist in Ordnung? Was ist los in Rom?»

«Keine Ahnung, Mamel. Wir haben unseren Flug verpasst und sind jetzt in Tunesien.»

«Das ist ja wunderbar.»

«Nicht wahr?»

Mamel hatte Recht, es war wunderbar. Ich hatte nicht mehr daran geglaubt, dass wir auf dieser Reise noch zur Ruhe kommen würden, aber ich hatte mich schon so oft geirrt. Wenn uns keine Kamele durch die Wüste buckelten oder wir keinem anderen Touristennepp mit völliger Begeisterung aufsaßen, lagen wir meist am Pool und entspannten uns. Nur Rubi wirbelte am Becken herum. Sie forderte ihre neue Freundin auf, sie möglichst lange unter Wasser zu tauchen oder möglichst tief in den Sand einzubuddeln. Anschließend beschwerte sie sich bei ihr darüber: zu lange und zu tief. Wenn die Freundin dann weinte, tröstete Rubi sie und machte dabei einen Augenaufschlag in meine Richtung. Ich verstand und ging zur Bar, um ein Entschuldigungsgetränk zu ordern. Und ich war oft an der Bar, denn Rubis Freundin hatte das Spiel schnell durchschaut. Rubi jedoch nicht. Sie drückte mich jedes Mal dankbar, wenn ich ihr aus der Patsche geholfen hatte, in die sie eine halbe Stunde später wieder hineinschlitterte.

Die übrige Zeit verbrachte ich mit Raouli auf der Decke. Er machte mit mir Wolkenraten und erspähte hin und wieder am tunesischen Himmel eine Wolke, die er schon aus Mathe kannte. Nun wusste ich auch, weshalb er in der Schule nicht mehr in der Fensterreihe sitzen durfte.

Ich genoss die Irrtümer meiner Kinder und liebte sie dafür nur umso mehr. Raouli war ein Träumer, einer der die Welt so sah, wie sie sein sollte: so makellos und unverdorben, dass ich davon fasziniert war. Und Rubi war ein Sonnenschein, der mich mit seinen Strahlen wärmte und meine Seele streichelte. Wir waren der Kosmos, den wir brauchten, um glücklich zu sein. Das war unsere Welt.

Dabei hätte ich denken können: Mein Gott, jetzt bist du allein mit zwei Kindern. Du darfst nie schwach sein und kannst dir kaum etwas anderes leisten als das große Schuldbewusstsein, zu wenig Zeit für die beiden zu haben. Es wird dich deine ganze Kraft kosten, die Verantwortung allein zu tragen. Du hast nicht mal die Zeit, nach deiner großen Liebe zu suchen, und wenn sie sich dir in den Weg stellt, wirst du sie beiseite schieben, um nicht zu spät zum Elternabend zu kommen. Habe ich auch gedacht – vor dem Urlaub. Nun dachte ich: Es ist uns noch nie so gut gegangen wie jetzt. Ja, ich muss mich einschränken, aber ich muss doch nicht verzichten. Was für ein Glück, dass ich die besten Kinder, die ich mir wünschen konnte, auch bekommen hatte. Wer uns mal kriegt, hat wirklich Glück.

Als wir wieder in Berlin landeten, war ich zwei Kinder klüger und zig Probleme leichter geworden.

Das gute Gefühl änderte zwar nichts daran, dass wir nichts im Kühlschrank hatten, doch wir konnten uns unbeschwert mit Mamel im Porta Brandenburgo treffen, unserem Ristorante in der Wilhelmstraße, wo wie immer der neueste Tratsch weitergetragen wurde.

«... Abinchen, ich weiß es aber nur aus zweiter Hand.»

«Mamel, das macht gar nichts, das ist besser als aus erster. Vor allem, wenn es nicht um mich geht.»

«Du machst einen relaxten Eindruck. Hast dich wohl gut erholt?»

«Ja, das habe ich. Ich möchte darüber einen Artikel schreiben.»

«Worüber willst du schreiben? Das Italienischste, das du kennst, ist dieses Ristorante hier.»

«Ich will nicht über Italien schreiben, ich habe etwas anderes entdeckt.»

«Was denn?»

«Allein erziehend und Spaß dabei.»

Nach sieben Jahren hatte ich noch immer keine Routine im Job. Ich saß bei jedem Artikel mit meiner Angst vor dem leeren Bildschirm. Ab und zu schaute ich an die Wand in meinem Büro, wo eine Karikatur hing, die Gott zeigte, wie er an der Bibel bastelte. In einer Denkblase stand: «Was schreib ich bloß? Was schreib ich bloß?» Dann freute ich mich, dass es nicht nur mir so ging, glotzte wieder auf den leeren Bildschirm, stand auf und holte mir erst mal Zigaretten aus der Kantine.

«Allein erziehend und Spaß dabei», die Überschrift stand fest. Sieben Zigaretten später hatte ich etwa hundertfünfzig Zeilen, acht weitere, dann waren es dreihundert. Für das Redigieren noch etwa zwei Zigaretten. Das konnte spät werden.

Es wurde noch später. Ich hatte die Eigenschaft, mich bei Artikeln, die nicht termingebunden waren, gern ablenken zu lassen. Ein Kollege aus dem Layout kam am Nachmittag ins Zimmer und erzählte, dass er sich gerade einen rattenscharfen Lara-Croft-Bildschirmschoner runtergeladen hatte. Wir kamen ins Plaudern. Wenig später legte mir ein Veranstalter am Telefon das neue Kleist-Stück vom Vereinigten Gummitierensemble nahe. Ein anderer pries seinen neuesten Rave an: Techno in der Pathologie der Charité. Ich hörte gern zu. Erst als mir jemand das Vernunftkonzept des Philosophen Pavel Lorenskij erklären wollte, empfand ich das nicht als Ablenkung. Also schrieb ich weiter.

Es konnte passieren, dass ich nicht den Artikel lieferte, den ich angekündigt hatte. Oft kamen mir die Ideen erst beim Schreiben. Aber diesmal blieb es bei dem Thema: Den allein erziehenden Spaß musste ich schließlich nicht herbeischreiben, er war ja wirklich da.

Manchmal fand ich meinen Job seltsam. Ich fand es seltsam, dass ein Journalist größere Vorgänge auf zweihundert Zeilen objektiv zusammenfassen konnte, Hintergründe durchschaute, Zusammenhänge erklärte und Prognosen gab, kenntnisreiche Porträts von Menschen zauberte, denen er nie begegnet war, dass er bewertete, urteilte, lobte oder abwatschte – und nicht selten Mühe hatte, in seinem eigenen Leben die Dinge klar vor sich zu sehen. Nun gut, für sein Privatleben wurde er ja auch nicht bezahlt. Aber seltsam war es trotzdem.

Ich liebte meinen Beruf, weil er so eigenartig war, und dass er so eigenartig war, nahm ich ihm hin und wieder übel. Ich musste mich davor hüten, lockere Beziehungen für ein grandioses Netzwerk zu halten, und lernte, dass zu viel Information genauso in die Irre führen konnte wie zu wenig. Es lag immer an einem selbst, Dinge in Zusammenhänge zu bringen, sie gleichzeitig zu entzerren und auf das Wesentliche zu reduzieren.

Mein Job war faszinierend und ernüchternd zugleich. Wie ein Pharmakon, das erregend ist, wenn man es einnimmt, und einem dumpfen Gefühl weicht, wenn die Wirkung nachlässt. Und ich habe mich ihm verschrieben – weil ich eines Tages wollte, dass mich bei der Arbeit niemand sieht; weil ich nicht mehr nach dem Äußeren beurteilt werden wollte. Manchmal dachte ich: Was war das bloß für eine Schnapsidee? Aber nur manchmal.

Die Wirkung dieses Pharmakons war schwer zu steuern, zu Hause hörte sie nicht einfach auf. Trotzdem gab es ein Leben außerhalb der Redaktion. Rubi und Raouli erinnerten mich daran. Und Mamel, die die beiden vom Nachmittag bis zum Abend und manchmal auch nachts versorgte, erinnerte mich bei meinen Tiefs daran, dass wir uns das Leben außerhalb der Redaktion nur leisten konnten durch das Geld, das ich dort verdiente.

Ich hatte eine feste Stellung, bei der mir die Lust an der Arbeit fast nie verging. Und ich wusste, dass das schon sehr viel war. Eigentlich das Beste, was ich mir denken konnte. Meine Freundin Antje dagegen, die ein Jahr nach Leos Tod wieder angefangen hatte zu arbeiten, war inzwischen Reporterin bei einem öffentlich-rechtlichen Radiosender geworden. Sie wollte unter keinen Umständen jemals fest angestellt werden. Das war das Beste, was sie sich denken konnte.

So fand sich jede von uns in ihren Verhältnissen wieder. Dabei kam es darauf an, wie wir sie gestalteten, nicht darauf, welche Position wir hatten. Wir wollten uns später einmal so wenig wie möglich vorwerfen müssen und sagen können, dass wir unser Leben gelebt hatten und nicht nur Zuschauer waren.

Mehr als acht Jahre lang war ich inzwischen für das Szene-Ressort zuständig, für den Rausch auf höchstem Niveau und die Verheißungen der langen Nächte. Für die Love Parade und das Kunsthaus Tacheles, für erfüllte Sehnsüchte und kurzlebige Phänomene. In der Szene galten andere Gesetze. Hier war der Beruf unwichtig, die Nacht war die Gegenwelt zum Tag, es herrschten Akzeptanz und Freiheit. Die Lust, sich auf ein mögliches Scheitern einzulassen, und die Kunst, aus nichts gar nichts oder alles zu machen, begeisterten mich.

Doch irgendwann reichte es mir. Im Laufe der Jahre wiederholte sich vieles so oft, dass ich daran keinen Gefallen mehr fand. Was der Szene einst ureigen war, bot jetzt eher die neue Regierung aus SPD und Grünen – einen Kontrast zum Gewohnten und Mut zum Desaster. Als die Politik zu experimentieren begann, hatte die Szene damit längst aufgehört; sie inszenierte ihren unabhängigen Taumel, aber sie lebte ihn nicht mehr. Clubs hatten kein Image mehr, sondern sie gaben sich eines. Sound, Dekoration, Lichteffekte, Discjockeys waren Elemente eines wohl kalkulierten Profilierungsbetriebs. Kaum etwas wurde dem Zufall überlassen, nicht einmal das Publikum – mit Flyern wurde gesteuert, wer kommt. Nur an bestimmten Orten ausgelegt, sollten die kleinen Handzettel den gewünschten Gast ansprechen, der lediglich Teil des Konzeptes war. Wer nicht zur Trendbourgeoisie gehörte, traute sich nur noch in einem Anfall von Furchtlosigkeit zu einschlägigen Adressen.

Und ich fürchtete mich immer mehr.

Die Szene tat mir nicht mehr gut, und ich tat der Szene nicht mehr gut. Sie verlor ihre Leichtigkeit und geriet in wirtschaftliche Zwänge, fing an, sich wahnsinnig ernst zu nehmen, und hielt alles um sie herum für unbedeutend. Selbstgefällig, als hätte sie vergessen, dass es ohne Tag auch keine Nacht gibt. Da wollte ich lieber über die Unterhaltungsbranche schreiben. Die war zwar auch verlogen, aber wenigstens log sie für alle sichtbar. Also ging ich zu meinem Chef, um mit ihm darüber zu reden.

Es war nicht der beste Moment, fortwährend wurden neue Nachrichten hereingereicht: Der Kultursenator verkündete sein neues Sparkonzept; das Ballett der Komischen Oper sollte wegfallen; siebenundsiebzig Orchestermusiker sollten entlassen werden; ein Intendant gab die Schließung seines gerade erst privatisierten Theaters bekannt. Unser Gespräch kam nicht zustande.

Ich wollte ein anderes Mal wiederkommen, doch mein Chef lehnte sich zurück, nahm ein Buch in die Hand und las mir einen Absatz vor. So, als wollte er in den Neuigkeiten nicht untergehen, ohne noch einmal bei Gottfried Benn nachgeschlagen zu haben. Als wollte er nicht vergessen, dass die Nachricht nur das Material, der Geist aber das Instrument war. Und irgendwie kamen wir doch noch ins Gespräch. Kein Zweifel, im Feuilleton wurden die Dinge anders angegangen als in anderen Ressorts.

Allmählich hatte ich gelernt, mich nicht nur als Redakteurin, sondern auch als ewige Schülerin zu begreifen. Wie in manch anderen Feuilletons wurde bei uns der intellektuelle Anstand ganz liebevoll gehätschelt. Hier gab es ungeheuerliche Weisheiten und feudale Kopfgeburten, ungehemmte Interpretationslust und Sitzungen am Rande des Pathologischen. Manche machen Paragliding, um sich über die Menschheit zu erheben. Andere probieren einen LSD-

Trip aus, um in deren Abgründe sehen zu können. Feuilletonisten machen Sitzungen.

In einigen davon fiel es mir überhaupt nicht schwer, den Gedanken meiner Kollegen so lange zu folgen, bis ich meinen eigenen nachhing. Es war wie in der Schule, ich hörte die Menschen reden, aber ich hörte nicht mehr, was sie sagten. Die Theorie des doppelten Staates in Italien, Sprachverlust in Europa, interkulturelle Faktoren in der Literatur, die Konstitutionslogik von Erzählungen und die Folgen neuer Konzepte der Sozialpädagogik für die Friedenspolitik – etwa diese Themen ließen mich in eine andere Welt dämmern ... Wie bitte? Ob ich Karl Marx' Kritik an der Hegel'schen Rechtsphilosophie parat habe? Pardon, ich war gerade woanders. – Meist wurde ich so wieder in den Redaktionsalltag zurückgeholt. Was Wunder, schließlich war ich umgeben von Menschen, deren Job im Wachrütteln bestand.

Ja, wir rüttelten oft und manchmal auch leidenschaftlich an uns. Und wenn alles abgeschüttelt war und der andere blank vor einem stand, ergaben sich hin und wieder Freundschaften. Mit Menschen, die man so ungeschliffen mochte, wie sie waren. Mit Birgit. Mit Carmen. Oder mit Moni, meiner besten Freundin, die nicht nur unsere Sekretärin war, sondern täglich ein Grund, mich auf die Arbeit zu freuen.

Von allen Problemen, die es gab, teilten wir vier die unseren am häufigsten, am ausführlichsten und am liebsten. Wir feierten zusammen Geburtstage, Partys und unsere Minderwertigkeitskomplexe. Nein, der Gefahr, zu viel von uns zu halten, erlagen wir nie. Wir suchten gemeinsam Antworten und konnten uns für die Ratlosigkeit begeistern.

Wir konnten uns gegenseitig entlasten und uns unsere Würde zurückgeben. Wir hatten zwischen Hegel und Marx unvermutet viel Spaß.

An einem normalen Redaktionstag, der ruhig begann und hektisch weiterging, an einem solchen Tag wurde bekannt, dass eine Theaterintendantin angeblich für die Stasi gespitzelt hatte. Ich musste unter großem Zeitdruck einen Artikel schreiben und erwartete jeden Moment einen wichtigen Anruf von der Gauck-Behörde, damit ich endlich Akteneinsicht nehmen konnte. Ich war angespannt. Hatte die Frau eine Verpflichtungserklärung unterschrieben? Hatte sie Freunde und Kollegen verraten? Hatte sie überhaupt gewusst, dass man sie als Mitarbeiter führte? Es gab noch viel zu klären, wieder einmal saß ich vor einem leeren Bildschirm. Da endlich, nach langem Warten, klingelte das Telefon:

«Mama? Raouli haut mich!»

«Das ist jetzt gerade ganz ungünstig, Rubinchen. Rufst du mich nachher nochmal an?»

«Aber es tut weh.»

«Dann gib mir mal Raouli.»

«Nein.»

«Dann gib mir Omi.»

«Nein.»

«Warum denn nicht?»

«Will mit dir sprechen.»

«Seid so lieb, vertragt euch wieder. Ich kann dir jetzt nicht helfen.»

«Doch.»

«Was gibt's denn?»

«Ich will nämlich einen Nusskuchen backen und weiß nicht, wo die Glasur ist.»

«Die ist unterm Besteckkasten.»

«Okay. Tschüssi, Mama.»

Ich konnte es ihr nicht übel nehmen, wenn sie mich störte. Rubinchen hatte eben ein Problem und fühlte sich verpflichtet, ihren Bruder zu verraten.

So ähnlich war es dann auch bei der Intendantin.

Nachdem die Ausgabe von morgen fertig war, saß ich mit ein paar Kollegen noch ein bisschen zusammen. Wir plauderten über den Film, der gestern Abend im Fernsehen lief, mit dem Mann, der aus der Hüfte schoss, und der Frau, die ihre Eltern nicht kannte. Wo am Ende alles gut ging. Dieser Film von dem Typen mit dem unaussprechlichen Namen. Wir kamen nicht auf den Titel, nicht auf den Regisseur, nicht auf einen einzigen Darsteller.

So ging ein Tag im verehrten Feuilleton zu Ende. Mit klaren Signalen, dass es an der Zeit ist, Feierabend zu machen und sich in das Leben außerhalb der Redaktion zu stürzen.

10
Die beste Veranstaltung

Ich habe den Kampf um meinen Verstand schon oft verloren,
aber nie aufgegeben. Und mein Gefühl ist mir schon oft ent-
schwunden, aber ich habe es immer wieder gefunden. Ich
kann mir einfach nicht abhanden kommen.
Es ist gut, das zu wissen.

Nicht selten war es mein Job, Wunder zu erwarten und
mich über das allzu Erwartbare zu wundern. So glaubte ich
nicht einfach an die Kunst, nur weil die Künstler glaubten,
ihr Publikum glaube daran. Stattdessen hoffte ich immer
auf ein bisschen mehr als das Menschenmögliche – gelang
das Unerwartete, hatte die Idee gewonnen; gelang es nicht,
siegte die Enttäuschung.

Es ist ein Irrtum anzunehmen, dass Enttäuschungen bei
Kritikern beliebt sind, weil sie ihnen den Job sichern. Ja, das
ist sogar ein riesiges Missverständnis. Aber manchmal fiel
es mir nach einer ganzen Serie von Enttäuschungen richtig
schwer, die Geduld nicht zu verlieren und mich für den
einen Moment, in dem die Kunst doch noch triumphieren
könnte, offen zu halten.

In einem Theater etwa, aus dem sich die Aufregung schon lange verabschiedet hatte, kündigte man für den Abend verheißungsvoll eine Premiere an. Die Pressemitteilung suggerierte, es sei ein Aufruhr zu erwarten – und vergaß dabei das Wörtchen «gebändigter». Ein paar Straßen weiter, im Dom, wurde zu einer Klangperformance geladen. Der Künstler war gefährlich nahe dran, den Ton zu treffen, aber natürlich traf er ihn nicht, weil sein Konzept es ihm verbot. Und in einem anderen Saal fand unter dem Titel «Hey ho, kleine Scheiße, wir sind wieder da» eine Punk-Memorial-Party statt, mit der Beton Combo in Originalbesetzung und dem festen Willen, sich beim Pogo in den Hintern treten zu lassen. Wegen solcher Termine stürzte ich mich manchmal in den Abend – und hoffte auf ein Wunder.

Die beste Veranstaltung in all den Jahren blieb für mich aber meine Familie: viel ungebändigter Aufruhr, nur manchmal der falsche Ton, nie ein Tritt in den Hintern und immer gute Unterhaltung. Meine Familie war ein Programm, das ich jeden Tag erlebt haben musste. Zwar half es mir nicht dabei, woanders mitreden zu können, aber ich lernte, die Dinge neu zu betrachten, Antworten auf nicht gestellte Fragen zu finden und mich jederzeit von Absurditäten überraschen zu lassen. Und das bei freiem Eintritt.

Als ich nach einem ganz normalen Arbeitstag nach Hause kam, stand Raouli im Kühlschrank. Er wollte wissen, «wie sich ein Stück Butter fühlt, wenn es herausgenommen wird». Ich hätte gern von Mamel gewusst, wie lange das Kind schon da drin war, aber sie hatte Kopfhörer aufgesetzt und lauschte einer Vogelstimmen-CD. Sie merkte nicht einmal, dass das Telefon klingelte. Es gab keinen Zweifel, die Umstände waren verdächtig genug, ich war zu Hause.

Ich nahm den Hörer ab, am Telefon war Dirk. Er schlug vor, am nächsten Abend mit Rubini ins Freilichtkino zu gehen und «Panzerkreuzer Potemkin» zu gucken, den Eisenstein-Film über meuternde Matrosen, deren revolutionärer Kampf in mörderischem Gemetzel endet. Ob das etwas für mein Rubinchen war? Ich zögerte. Dirk, der seit längerer Zeit mit ein paar russischen Musikern zusammenarbeitete, schwärmte von den Kompositionen, die sie für diesen Stummfilm geschrieben hätten. Und außerdem gab es im Kino Liegestühle. Er meinte, das würde Rubi sicher gefallen. Selbstverständlich würde es das. Ihr Papa könnte mit ihr in den Bundestag gehen, um sich eine Rede über den Aufbau Ost anzuhören, er könnte ihr etwas über Feng Shui erzählen und wann ein Chi in ein Sha umschlagen kann – sie wäre begeistert. Also gut, sollten sie gehen.

Russische Revolution hin, zarte Kinderseele her, ich war froh, endlich zu Hause zu sein. Den Feierabend eröffnete ich stets mit den Worten: «Mama ist noch ein bisschen groggy und braucht mal zehn Minuten Pause.» Ich hätte auch sagen können: «Heute hab ich einen Hund gebissen und nicht einmal gebellt.» Es wäre egal gewesen. Denn meine Familie schien immer nur zu verstehen: «Mama ist jetzt da und möchte nicht in Ruhe gelassen werden.»

Raouli wollte mit mir über seinen Aufsatz diskutieren. Ich ließ mir die Aufgabenstellung erklären. Er las vor: «Befasse dich ausführlich mit etwas völlig Unscheinbarem aus deiner Umgebung.» Raouli meinte, in seiner näheren Umgebung sei alles so offensichtlich. Deshalb habe er ein Thema gewählt, für das sich garantiert kein anderer entschieden habe. Raouli schrieb über den «Hirschfurz». Ich verschob mein Groggysein auf später. Das Kind hatte Recht, auf etwas Unscheinbareres als einen Hirschfurz hätte man nicht kommen können. Ich gratulierte ihm, er war ein Meister der Wahrnehmung.

Kurz darauf stand vor mir ein Würfel und fing an zu sprechen: «Mama, ich muss dir was zeigen. Bleib gleich sitzen.» Auch auf Rubinchen hatte ich nie groggy gewirkt. Endlich war ich da. Endlich konnte sie mir den neuen Tanz vorführen, den sie frisch einstudiert hatte. Rubini tanzte seit ihrer Einschulung im Kinderballett des Friedrichstadtpalastes. Also auf der Bühne, auf der ich vor mehr als zehn Jahren stand. Das machte mich ein bisschen sentimental und sehr, sehr stolz. In der ersten Spielzeit war sie eine Taschenlampe, in der zweiten ein Fliegenpilz. Nun sollte sie ein Neutrino aus dem All darstellen. Deshalb steckte sie im Würfelkostüm und musste mir dringend etwas vortanzen. Da durfte ich jetzt nicht schwächeln.

Ich hatte es nie gelernt, bei meiner Familie eine zehnminütige Erholungspause zu erwirken. Was sollte ich auch gegen einen Würfel und einen Hirschfurz setzen? So begann jeder Abend mit unserem Gesellschaftsspiel. Es hieß «Feierabend», und keiner gewann.

Rubi würgte die Vogelstimmen-CD ab und legte ihre Tanzmusik ein. Mamel war überrascht, dass ich «schon» da war. Sie freute sich und meinte, von dem Gezwitscher wäre sie beinahe meschugge geworden. Ja, hatte Mamel denn erwartet, dass man sich in unserem Wohnzimmer erholen könnte? Im Zentrum der Familie? Hier wurde man nicht meschugge, hier blieb man es. Denn gegen die beiden Halluzinogene, denen sie ausgesetzt war, wirkte kein Gegenmittel. Sie tobten ständig an Mamel vorbei, waren aus Fleisch und Blut – und ihre Enkel. Mamel musste Rubi und Raouli jeden Tag erleben und war anschließend erschöpft. Aber sie war süchtig nach ihnen. Viel schlimmer als ein Tag mit ihnen war für Mamel ein Tag ohne sie. Mit den Worten «ihr macht mich fertig» oder «ich lande noch mal in der Klapsmühle» sprach sie der Familie sozusagen ihre Anerkennung aus. Und die Familie versuchte, sie nicht zu enttäuschen.

Mamel wusste das alles, doch sie gab es selten zu. Ihr Stöhnen war ein Zeichen der Liebe. Wenn sie sich jetzt ihren «Nervensägen» und «Schlagetots» zuwandte, dann bedeutete das nur, dass der schöne Teil des Abends begann: Mamel fing an, das Abendbrot vorzubereiten.

Dann versammelten wir uns am Tisch, um die letzten Klarheiten des Tages mehrstimmig zu beseitigen. Mamel, die zu Weihnachten ein Handy bekommen hatte, erzählte von ihrem ersten Senioren-Weekend bei Nokia. Sie wollte lernen, wie man eine SMS verschickt, neben ihr saß allerdings «ein oller Zausel, der ständig quatschte», sodass sie kaum etwas verstand. Raouli stellte fest, dass er «dieselben Knie» hatte wie sein Freund Pauli. Rubi plapperte ihre Lieblingsstelle aus Disney's «Hercules» nach und fragte: «Hat mir jemand die Haare gelöscht?» Dann schimpfte sie mit Pech und Schwefel, die beide nicht an unserem Tisch saßen, weil es sie nicht gab, die aber offenbar gerade sehr viel Unfug trieben.

Währenddessen hatte Raouli schon begonnen, mir meinen Musikgeschmack vorzuwerfen. Er fragte, wie man nur Donna Summer hören könne statt 2Pac und Snoop, Ice Cube und den Wu-Tang Clan? Ich war beleidigt. Mamel lachte, weil sie sich daran erinnerte, wie ich damals nichts mehr von ihrer Doris Day wissen wollte. Die Einzige, die mich wie immer vorbehaltlos unterstützte, war Rubi: Sie sagte, sie finde Donna Summer auch gut, und wir lächelten uns über das Abendbrot hinweg unser Ich-liebe-dich-so-wie-du-bist-Bündnislächeln zu. Ich fragte sie, ob wir am Sonntag ins Marionettentheater gehen wollen. Dort wurde der «Fall Daphne Karnickel» gezeigt, bei dem es um eine alte Kaninchendame ging, die ihre Urenkelin vermisst. Rubi war begeistert.

Dann wollte Mamel mit mir über das System sprechen, das doch total verlogen sei. Sie war entschlossen, hier und jetzt die großen Ungerechtigkeiten anzuprangern. Aber ich hatte keine Lust auf dieses Thema. «Mamel. Es ist Diens-tagabend, 21 Uhr. Was willst du jetzt daran ändern?» Dar-aufhin warf sie mir vor, dass ich mich niemals für eine Revolution eignen würde. Weil ich mich von dem System so fertig machen ließe, bleibe mir keine Zeit zum Nachden-ken. Ich sei längst in buddhistische Demut verfallen; ob ich überhaupt noch mitbekäme, was um mich herum passiere? Natürlich bekam ich es mit: Pech und Schwefel trieben immer noch Unfug. Mamel seufzte resigniert: «Offenbar hat das System dich schon erledigt.» Ich wurde nachdenk-lich. Ja, das war möglich. Das System war an allem schuld. Das System machte mich so mürbe. Das System erschöpfte mich. Sicher war es auch das System, was mich nicht einmal richtig Feierabend machen ließ. Es war gut, zu wissen, dass nicht meine Familie daran schuld war.

Inzwischen war es weit nach 22 Uhr. Mamel verabschie-dete sich und meldete – natürlich nur, wenn es uns nichts ausmache – für das Wochenende ihr Interesse am Hasenkrimi an. Rubinchen hüpfte zielgenau in das Bett, von dem sie seit langem annahm, es sei ihres, obwohl es immer schon in meinem Zimmer stand. Und Raouli ging ins Bad. Als Gutenachtgruß rief er mir zu: «Hey, Mom. Wenn ich nicht zurückkomme, kannst du mein Zimmer übernehmen, aber leg 'ne andere Musik auf.» Dann lachte er schallend.

Ich liebte meine Familie für ihre zärtlichen Grobheiten. Ich liebte ihr Desinteresse an meinem Groggysein. Unsere kleine Gesellschaft hatte ihre eigenen Spielregeln, unsere Party ihren eigenen Sound. Schade, dass sie schon vorbei war.

Morgen würden wir Gott sei Dank weiterfeiern.

Eine Zeit lang war meine Freundin Bianca ein ständiger Gast auf unseren Partys. Sie hatte sich, nachdem sie schon ein paar Jahre in Westberlin gelebt hatte, vom Maskenbildner-Traum verabschiedet. Irgendwann begann sie eine Umschulung zur Kinderkrankenschwester. Sie wohnte im Schwesternwohnheim einer großen Klinik. Als ihre Ausbildung nach drei Jahren beendet war und sie die Prüfungen ohne weiteres bestanden hatte, erhielt sie die Nachricht, dass sie nicht übernommen werden könne. Als sie nicht übernommen wurde, erhielt sie die Nachricht, dass sie nun auch nicht mehr im Schwesternwohnheim bleiben dürfe. So wurde sie innerhalb einer Woche arbeits- und obdachlos. Es war keine Frage, dass Bianca sofort zu uns zog. Bei uns konnte sie sich in Ruhe auf ein neues Leben vorbereiten – wenn sie unsere Gesellschaftsspiele überstehen würde.

Sie überstand. Sehr gut sogar. Und wenn unsere allabendliche Familienfeier zu Ende war, plauderten wir oft bis in die frühen Morgenstunden. Bianca und ich redeten über die Männer und die Gesellschaft, manchmal auch über die Gesellschaft und die Männer. Dabei stellten wir fest, dass Männer die kleineren Übel sind, weil man sie sich wenigstens aussuchen kann und sich von ihnen nichts bieten lassen muss. Von der Gesellschaft schon.

Bianca, die am 10. November 1989 in den Westen «ausgereist» war, trauerte der DDR nicht hinterher. Keine Situation konnte so schlimm sein, dass sie sich die alten Zustände zurückgewünscht hätte. Wir saßen also im Wohnzimmer und grübelten, was uns denn das Neue gebracht habe. Dabei war es Bianca, die von den Reisen, der Meinungsfreiheit und den besseren Lebensbedingungen sprach. Sie hatte so sehr Recht, dass ich umgehend Einwände erhob: Ja, man konnte reisen. Aber nur, wenn man das nötige Geld dazu hatte. Ja, es gab Meinungsfreiheit. Aber was war mit den Meinungen? Die Themen, über die im Fernsehen getalkt wurde, hießen «Ich pinkel lieber im Stehen» oder «Ich lasse nur dicke Frauen in mein Bett» oder «Tussi – an dir ist doch alles künstlich». Und es gab auch materiellen Wohlstand – Autos und Klamotten, von denen wir früher nicht zu träumen wagten, und andere Dinge, von denen wir nicht einmal ahnten, dass wir eines Tages ohne sie nicht mehr auskommen würden: antibakterielle Müllbeutel und Binden mit 3-Plus-Fleece, Joghurts mit Cerealien und Spülmittel mit Anti-Tropfen-Film. Doch was hatte Bianca davon? So ohne Job und ohne Wohnung?

Bianca meinte, es sei wichtig, wovon man sich beirren lasse und wovon nicht. Sie wollte sich eine neue Existenz aufbauen; die Erfahrungen anderer konnten sie dabei nicht verunsichern. Ihr reichte es, dass niemals mehr eine Kaderabteilung darüber entscheiden würde, wie ihr Leben zu verlaufen habe. Bianca gewann ihre Kraft noch immer aus dem Unglück, das sie nicht hatte.

Wir waren längst im Westen angekommen, als wir feststellten, dass es sich mit ihm genauso verhielt wie mit den Männern: Beides begeisterte zunächst, und beides machte skeptisch. Und bei beidem war nie klar, ob die Stufen, die man nahm, zu einer Leiter oder einer Tretmühle gehörten. Es musste schon etwas Außergewöhnliches geschehen, um vom Westen oder den Männern noch fasziniert zu sein. Im Westen gab es immerhin ammoniakfreie Dauerwellen, das war ein Anfang. Womit aber sollte ein Mann überraschen?

Ich fragte Bianca: «Kann es sein, dass ich mit dreißig nicht mehr dem Mann meines Lebens begegnen werde?»

Sie sagte: «Kann sein. Wenn du ihm nämlich nicht rechtzeitig begegnest, tut es eine andere.»

«Das würde ja bedeuten, dass ich den Mann meines Lebens schon mit dreißig einer anderen überlasse.»

«Genau das würde es bedeuten.»

«Weißt du was? Vielleicht ist es sogar gut so. Ich brauch gar keinen Mann. Du siehst doch, ich hab alles.»

«Stimmt. Du hast Liebe, du hast Chaos, und keiner hört auf dich. Wozu brauchst du da noch einen Mann?»

Wir lachten, legten Donna Summer auf und beschlossen, dass ein Leben ohne Mann wunderschön sei.

Nach einem halben Jahr hatte Bianca aus dem Unglück, das ihr nicht widerfuhr, sehr viel gemacht: Sie hatte sich tatsächlich eine neue Existenz aufgebaut, eröffnete einen Frisiersalon und mietete in dessen Nähe eine Wohnung. Wenn wir uns trafen, beschworen wir unser schönes Leben. Besonders unser männerloses Dasein.

Natürlich kam alles wieder ganz anders.

Ich hatte mich in meinem Leben so selten verliebt, dass ich die wenigen Male an einer Hand abzählen konnte. Das hatte Mamel mit ihren frühen Warnungen bei mir erreicht. Und sie meinte noch immer: «Wenn du jetzt, mit zwei Kindern, für einen Mann ein Traum bist, dann womöglich der, mit dem er seine Frau betrügen möchte.»

«Und wovor warnst du mich in dreißig Jahren, wenn ich sechzig bin?»

Allen Ernstes, sie überlegte.

Dabei hätte sich Mamel ruhig auf mich verlassen können. Aus mir war nie eine Draufgängerin geworden. Ich habe mir nie einen Mann geschnappt. Nie. Ich wollte nicht selbst schuld an einem Fehler sein. Da war ich lieber das Opfer, das sich bedauerlicherweise auf den Falschen eingelassen hat. Ich machte es niemandem leicht. Verliebte sich dennoch jemand in mich, konnte ich es nicht verstehen und glaubte an einen Irrtum. Und aufgrund meiner Hautfarbe nahm ich niemandem ab, dass er mich entdeckt hatte. Ein Schokoladenkind fiel eben auf. Ich dachte, die Gefühle, die beim anderen geweckt wurden, hätten sowieso in ihm geschlummert. Ich kam nur gerade des Wegs und habe ein Feuerchen entfacht, das sonst für eine andere gelodert hätte. Dachte ich. Ich habe immer versucht, realistisch zu bleiben. Kleiner konnte man Enttäuschungen wirklich nicht halten.

Thommi war einer der wenigen von Dirks Musikerkollegen, die nach meiner Scheidung Freunde blieben. Auch er wohnte noch immer in der Wilhelmstraße, und wir trafen uns dort öfter in unserem italienischen Ristorante, um einen Wein zu trinken und uns gegenseitig aufzumuntern. Meist sprachen wir dann über Pannen in der Liebe: Ich hatte die meinen hinter mir – und vielleicht irgendwann wieder vor mir –, und Thommi konnte seine nach sieben Jahren nicht mehr beheben. Wir begutachteten also Totalschäden.

Er sah die Welt mit Männeraugen, und mit Männeraugen war sie nicht dieselbe. Seine Sicht war viel unkomplizierter als die von Bianca und mir. Wir hatten erstaunlich unterschiedliche Interpretationen, Unterstellungen und Wahrheiten zu bereden. So warben Thommi und ich um das Verständnis des anderen, brauchten Zuspruch, manchmal auch Anteilnahme. Wir machten uns gegenseitig Mut und wussten nur Schmeichelhaftes übereinander zu sagen. Dabei kamen wir nie auf die Idee, unsere Komplimente könnten Investitionen in die Zukunft sein. Nach und nach taten diese Verabredungen uns so gut, dass wir sie unter keinen Umständen abgesagt hätten.

Ich kannte Thommi schon so lange, dass ich gar nicht bemerkte, wie attraktiv er war. Er war groß und sportlich, hatte grüne Augen und lange, lockige Haare. Am einnehmendsten aber war, dass er nicht mit seinem Äußeren spekulierte. Vielmehr wirkte er ruhig, höflich und zurückhaltend. Ruhe, Höflichkeit, Zurückhaltung – das sind normalerweise die typischen Warnsignale für eine tickende Zeitbombe. Bei Thommi allerdings waren es wirklich Tugenden.

Bianca verfolgte unsere Treffen und vermutete schließlich, dass sich «da etwas anbahnt». Und Dirk fand, dass Thommi und ich uns schon immer die «eine Sekunde zu lange» angesehen hätten. Dafür, dass Bianca und Dirk ahnten, was uns nie in den Sinn gekommen wäre, lachte ich die beiden Hellseher aus. Thommi und mich verband nur, dass wir uns an der Schulter des andern anlehnen konnten.

Ansonsten unterschieden wir uns wie Tag und Nacht: Er war Vegetarier, ich hielt davon gar nichts, er war Frischluftfanatiker, ich hatte Angst vor Sauerstoffvergiftung, er war stetig in seinem Handeln, ich war spontan, er ruhte in sich, wenn ich schon völlig außer mir war, er war leise, ich war laut, er war aufmerksam …

An einem unserer üblichen Weinabende wurden wir plötzlich von dem überrascht, was ein paar Menschen um uns herum längst vorhergesagt hatten. Auf einmal hatte ich dieses Gefühl, dass man einen Menschen nur anzusehen braucht und dann weiß, wie man morgens neben ihm aufwacht. Ich sah Thommi, und alles war gut.

Wenig später verließ er seine Freundin und zog zu uns. Doch das Einzige, was wir uns vorzuwerfen hatten, war, dass wir uns bereits sechs Jahre kannten und uns jetzt erst liebten. Das war wirklich die längste Anlaufzeit meines Lebens. Schon seit dem Tag, als er Dirk und mich ins Krankenhaus fuhr und wir anschließend gemeinsam Rubini auf die Welt brachten, hatte Thommi mein Vertrauen. Nun dachte ich: Dieser Mensch hat dich in deinen schlimmsten Stunden erlebt und liebt dich trotzdem. Er ist etwas Besonderes.

So wurde ich doch noch von einem Mann überrascht.

Unseren ersten gemeinsamen Urlaub verbrachten wir Weihnachten 1998 mit den Kindern auf Mallorca. Dort wohnten wir in einer gepflegten Hotelanlage und wollten die Ruhe genießen, aber es gab unzählige Animateure, die das zu verhindern wussten. Sie bedrängten uns von morgens bis abends mit würdelosen Polonaisen und grotesken Spielen, und wir gaben die Hoffnung auf ein bisschen Erholung auf. Außerdem hatten Thommi und ich uns gerade das Rauchen abgewöhnt, doch bei diesem Hotelbetrieb war es geradezu sadistisch, nicht zu rauchen. Nervlich am Ende, kaufte ich mir noch vor Silvester wieder eine Schachtel.

Natürlich war ich sauer auf die Animateure, weil ich wegen ihnen rückfällig geworden war und trotzdem den von ihnen verordneten Karnevalsfrohsinn mit meinen Zigaretten nicht wegblasen konnte. Jeden Abend regte ich mich im Zimmer über sie auf. Als ich aber eines Nachts mit Thommi an der Bar saß und der Chefanimateur herumging, um zu fragen, ob die Gäste zufrieden seien – auf der Bühne blamierten sich seine Spaßmacher gerade mit einer Travestienummer –, als dieser Mann jedenfalls zu uns kam, hörte ich mich sagen, ich sei «wunschlos glücklich».

Thommi schaute entsetzt zu mir herüber. Ich schaute entsetzt zurück. Dann nahm er den Chef beiseite und redete Tacheles mit ihm. Er beschwerte sich über die Zumutungen, die wir tagtäglich über uns ergehen lassen mussten, und dies so eindringlich, wie ich es nur vor meiner Familie wagte. Natürlich hatte er Recht, aber irgendwie tat der Mann mir Leid. Als Thommi fertig war, meckerte ich darüber, dass er gleich die große Holzkeule geschwungen hatte. Er verstand die Welt nicht mehr. Ich sagte: «Thommi, du bist manchmal so ehrlich.»

Er fragte: «Ist das ein Vorwurf?»

«Na klar. Können wir nicht locker bleiben?»

«Locker bleiben? Wenn du locker wärst, müsstest du nicht rauchen.»

«Das meine ich nicht. Wir sind hier, und wir sind glücklich mit uns – sieh es doch mal so. Und lass den armen Animateur in Frieden.»

«Aber du hast dich doch aufgeregt.»

«Ja, auf dem Zimmer. Jetzt will ich einfach Spaß haben. Weißt du, entspannte Menschen leben einfach länger. Das sagen sogar Wissenschaftler. Da muss was dran sein.»

«Abini, Wissenschaftler haben auch nachgewiesen, dass Menschen mit einer guten Grammatik länger leben. Wissenschaftler können alles nachweisen. Die haben sogar erforscht, dass …»

Da nahm ich Thommi fest, wegen des Verdachts, mich an seiner Seite scheitern zu lassen. Er hatte das Recht zu schweigen. Um ihm zu beweisen, wie locker ich bleiben konnte, verwehrte ich ihm das letzte Wort durch einen Kuss.

Wir haben Mallorca dann gut überstanden – die Animateure, das Hotel mit den dünnen Wänden, unsere Zimmernachbarn, die sich beim Sex «Gib mir Tiernamen!» zuriefen. Und Thommis Ehrlichkeit auch. Wir haben das sogar sehr gut überstanden. Zwar hatten wir keine Idee, wie Frau und Mann sich eines Tages besser verständigen könnten, aber wir lernten, dass die Welt sich weiterdreht, auch wenn der andere Recht behält. Und wir versuchten den andern immer wieder davon zu überzeugen, dass die Welt sich natürlich am besten dreht, wenn er im Unrecht ist.

Seitdem Thommi und ich zusammen waren, genossen wir es, Katastrophen aus dem Weg zu gehen. Und manchmal gingen die Katastrophen auch uns aus dem Weg. Natürlich konnte es passieren, dass kleine Nachwuchsgangster Raouli im Park um sein Handy erleichterten. Oder dass Rubi die Treppe hinunterfiel, sich den Arm brach und wir nachts von Krankenhaus zu Krankenhaus fahren mussten, weil Kinder nicht in jeder Notaufnahme geröntgt werden. Oder dass Thommi bei einer Tombola eine Reise nach Ägypten gewann und sie vor lauter Arbeit nicht antreten konnte. Das alles konnte passieren, und natürlich passierte es.

Aber dann machten Thommi und ich uns eine Flasche Wein auf, dachten über unser Leben nach und freuten uns über die Dinge, die uns nichts mehr anhaben konnten.

«Bald ist der Kredit abgezahlt.»

«Und der Knebelvertrag der Versicherung läuft aus.»

«Ich hab schon unsere Steuererklärung abgegeben.»

«Und ich habe eine Zoohandlung gefunden, wo es ökologisches Vitaminfutter für unser Streifenhörnchen gibt.»

«Ich liebe dich.»

«Dito.»

«Dito? Du antwortest auf ‹Ich liebe dich› mit dito?»

«Wieso denn nicht? Ich lieb dich doch auch.»

«Na dann sag doch nicht dito. Sag doch einfach …»

Eigentlich war es ein Wunder, dass Thommi und ich einst ausgerechnet durch Gespräche zueinander fanden. Ein Wunder deshalb, weil Thommi fest davon überzeugt ist, dass Frauen und Männer nicht dieselbe Sprache sprechen. Wir kennen uns jetzt seit elf Jahren und leben seit fünf Jahren zusammen, an seiner Überzeugung hat sich bis heute nichts geändert. Doch wir haben die Zeit unserer andauernden Missverständnisse glücklich gemeistert. Und sind immer noch entschlossen, Katastrophen aus dem Weg zu gehen.

Mamel ist richtig stolz auf uns.

Als wir vor drei Jahren von der Wilhelmstraße wegzogen, rümpelten wir unser altes Leben aus und behielten nur das

Allerwichtigste. Mamel, die uns darin bestärkte, dass wir das Richtige tun, die sich nicht anmerken ließ, wie sehr sie uns vermissen würde, die uns alles Gute wünschte und tapfer gegen ihre Traurigkeit kämpfte – Mamel nahmen wir mit. Es war gut zu wissen, dass sie wieder gleich um die Ecke wohnte. Schließlich hatte sie einmal versprochen, immer auf mich aufzupassen. Und ich wollte mir nicht die Gelegenheit entgehen lassen, mich dagegen zu wehren.

Wenn ich heute zu Mamel gehe oder sie bei uns vorbeikommt, begrüßt sie mich immer noch mit einem Kuss auf die Stirn. Wie am ersten Tag, gleich nach meiner Geburt. Lange dachte ich, es sei nur ein Reflex. Aber nun glaube ich, sie macht das, um unmittelbaren Kontakt mit meinem Verstand aufzunehmen. Um mit ihren Warnungen, mit denen sie nach wie vor verschwenderisch umgeht, direkt an mein Hirn anzudocken. Damit mich auch wirklich, wirklich alle erreichen.

Mamel ist so mamelhaft geblieben wie damals, als sie sagte: Es schadet nicht, wenn du in der Schule aufpasst und danach etwas Ordentliches lernst. Ich mache mir Sorgen, wenn du spätabends in der Disco bist und so viel herumstromerst. Es überrascht, wenn du einen plötzlich zur Großmamel machst und dann jemand ganz anderen heiratest. Du musst mal Pause machen. Du musst dir darüber klar werden, was du willst. Du musst nicht wegrennen, weil nichts auf dich zukommt. Sei du selbst. Du darfst dir nicht abhanden kommen. Ich will doch bloß, dass du dein Glück erkennst.

Ja, sie hat ihre ganze Liebe und Fürsorge in mein Leben gepackt. Sie hat sich an ihr Versprechen gehalten: «Ich werde immer auf dich aufpassen, immer für dich da sein.»

Nur vor einem hat sie mich nicht gewarnt – vor erblicher Belastung bei Verstand und Gefühl.

Ich sitze in einer Kneipe. Der Stuhl ist zu hart, die Luft verraucht, doch mir ist vieles klar geworden. Ich trinke die letzte Neige aus, eile nach Hause und küsse Rubini und Raouli auf ihre afrikanische Stirn. «Versprochen. Immer.»

Ich danke

Rubi, Raouli und Mamel für die Lust am Lachen, wenn ich
eigentlich gerade höflich verzweifeln wollte. Und dafür, dass sie
so sind, wie sie sind;

Thommi für etwas, das mir ständig ausgehen wollte: die
Geduld;

Moni und Regine für das leichtsinnige Gefühl, das Richtige
getan zu haben;

Gunnar Schmidt und Alexander Fest für die wunderbare
Zusammenarbeit;

dem netten Mann von der Auskunft der Telekom, der mich
morgens um 2 Uhr lehrte, den Papierkorb meines Computers
richtig zu konfigurieren;

Angelika Kruse vom Schreibpool und Andreas Harder, die mich
ermunterten, nicht aufzugeben, nur weil ein paar Kapitel vom
Bildschirm verschwanden und unwiederbringlich im digitalen
Nirwana landeten.

Ich danke ausdrücklich nicht

meinem Gedächtnis – das sich immer nur merkt, was ich vergessen möchte, und gleichzeitig vergisst, was ich mir unbedingt
merken will.